| DRUG DETOXIFICATION |

强制隔离戒毒人员矫正教育

刘 燕 ◎ 著

中国书籍出版社
China Book Press

图书在版编目（CIP）数据

强制隔离戒毒人员矫正教育 / 刘燕著. -- 北京：中国书籍出版社，2023.5
ISBN 978-7-5068-9408-1

Ⅰ.①强… Ⅱ.①刘… Ⅲ.①戒毒—工作—中国 Ⅳ.①D669.8

中国国家版本馆CIP数据核字(2023)第081928号

强制隔离戒毒人员矫正教育

刘 燕 著

图书策划	成晓春
责任编辑	张 娟 成晓春
责任印制	孙马飞 马 芝
封面设计	东方美迪
出版发行	中国书籍出版社
地 址	北京市丰台区三路居路97号（邮编：100073）
电 话	（010）52257143（总编室） （010）52257140（发行部）
电子邮箱	eo@chinabp.com.cn
经 销	全国新华书店
印 厂	北京睿和名扬印刷有限公司
开 本	787毫米×1092毫米 1/16
字 数	192千字
印 张	16.5
版 次	2023年5月第1版
印 次	2023年5月第1次印刷
书 号	ISBN 978-7-5068-9408-1
定 价	68.00元

版权所有 翻印必究

前　言

《中华人民共和国禁毒法》从"帮助吸毒人员戒除毒瘾，教育和挽救吸毒人员"的基本方针和目标出发，规定了自愿戒毒、社区戒毒、强制隔离戒毒和社区康复等戒毒措施，其中强制隔离戒毒是最重要、最严厉，也是最有效的戒毒措施，体现了教育和救治吸毒人员的立法原则。对强制隔离戒毒人员开展有针对性的教育矫正是强制隔离戒毒工作的核心内容，它对于提高教育矫正质量，促使戒毒人员转变思想、矫正恶习、戒除毒瘾、顺利融入社会并成为守法公民具有重要作用，在整个强制隔离戒毒工作中发挥着治本攻心的重要作用。

本书以马克思主义法治思想和习近平新时代中国特色社会主义思想为指导，依据《中华人民共和国禁毒法》《司法行政机关强制隔离戒毒工作规定》和《强制隔离戒毒人员教育矫治纲要》等法律法规和当前强制隔离戒毒矫正教育工作实际编写，遵循"科学性、知识性、适用性、指导性"原则，内容全面系统，且具有一定的实操性，体现了"理实一体、教学练战、学用结合"的鲜明特点。本书既可作为司法警官职业院校行政执行专业学生学习的教科书，又可作为司法实践部门工作人员的参考书。

本书主要包括"强制隔离戒毒人员矫正教育综述""强制隔离戒毒人员矫正教育的原则""强制隔离戒毒人员矫正教育的内容""强制隔离戒毒人员矫正教育的方法""入所教育与出所教育""几种特殊强制隔离戒毒人员的矫正教育""强制隔离戒毒人员矫正教育质量的评估"七个学习项目。每个学习项目都设置了学习目标和案例导入，同时又将学习项目分解为若干学习任务，每个学习任务结束后围绕学习重点设置了任务考核、拓展思考和相关实训项目，用以激发学习者的学习兴趣，拓展其眼界和思维，培养其将理论应用于实践的能力。

本书在撰写过程中，得到河北司法警官职业学院领导和有关专家、学者的关心和支持，并参考了与本书内容相关的著作、教材和论文等研究成果。在此，一并致以由衷的感谢。由于作者水平有限、时间紧迫，书中难免有疏漏和不足之处，恳请各位专家、学者以及读者批评指正。

刘　燕
2023 年 3 月

目 录 CONTENTS

前　言 1

项目一　强制隔离戒毒人员矫正教育综述 1
　　学习任务 1　强制隔离戒毒人员矫正教育概述 3
　　学习任务 2　强制隔离戒毒矫正教育对象 10
　　学习任务 3　强制隔离戒毒矫正教育者 17
　　实训项目 1　强制隔离戒毒所见习 30

项目二　强制隔离戒毒人员矫正教育的原则 33
　　学习任务 4　以人为本原则 36
　　学习任务 5　因人施教原则 39
　　学习任务 6　综合矫治原则 42
　　学习任务 7　面向社会原则 46
　　学习任务 8　科学创新原则 49

项目三　强制隔离戒毒人员矫正教育的内容 55
　　学习任务 9　思想教育 57
　　学习任务 10　文化教育 72
　　学习任务 11　职业技术教育 77
　　学习任务 12　心理健康教育 85
　　实训项目 2　强制隔离戒毒人员法制教育技能训练 96

项目四　强制隔离戒毒人员矫正教育的方法 99
　　学习任务 13　集体教育 102
　　学习任务 14　个别教育 110

学习任务 15　分类教育 122
　　学习任务 16　社会帮教 131
　　学习任务 17　戒毒所文化建设 138
　　实训项目 3　讲评教育技能训练 149
　　实训项目 4　个别谈话技能训练 151

项目五　入所教育与出所教育 155
　　学习任务 18　入所教育 157
　　学习任务 19　出所教育 163
　　实训项目 5　回归宣誓活动组织实施技能训练 173

项目六　几种特殊强制隔离戒毒人员的矫正教育 177
　　学习任务 20　未成年强制隔离戒毒人员的教育 181
　　学习任务 21　女性强制隔离戒毒人员的教育 186
　　学习任务 22　病残强制隔离戒毒人员的教育 192
　　学习任务 23　多次复吸强制隔离戒毒人员的教育 196

项目七　强制隔离戒毒人员矫正教育质量评估 205
　　学习任务 24　强制隔离戒毒人员矫正教育质量评估概述
　　　　　　　　　　　　　　　　　　　　　　　　　　　　　　　　　　 207
　　学习任务 25　强制隔离戒毒人员矫正教育评估的指标
　　　　　　　　　体系 214
　　学习任务 26　强制隔离戒毒人员矫正教育质量评估的
　　　　　　　　　组织实施 219

附　件 227
　　强制隔离戒毒人员教育矫治纲要 228
　　司法行政机关强制隔离戒毒工作规定 238

参考文献 253

项目一
强制隔离戒毒人员矫正教育综述

【学习目标】

知识目标：掌握强制隔离戒毒人员矫正教育的基本理论和基本知识

能力目标：具备运用矫正教育的基本理论对戒毒人员进行矫正教育的基本能力。

素质目标：具有较高的政治素质、良好的业务素质、心理素质和健康的身体素质。

【案例导入】

长期以来，临汾戒毒所立足于"新、活、实"，不断提升教育矫治质量和水平。教育矫治是戒毒工作的核心手段，教育矫治的目的在于通过对戒毒人员教育影响，转变思想观念，矫正吸毒等不良行为。

一是教育理念抓住"新"。该所紧密结合实际，积极探索，大胆创新，邀请家属、社会团体"走进来"帮教，戒毒人员"走出去"进行现身说法、法制教育。发挥所区文化环境、黑板报、宣传栏等"软实力"的作用，建立"蓝莲花"和"家属学校"微信群，做好后续照管。开展形式多样的文娱活动，为戒毒人员提供一个展示才能、技能的平台，激发戒毒人员的戒治积极性。

二是教育方式体现"活"。以重要节日为契机，开展文艺晚会、心理趣味运动会。平时进行"一对一""面对面"

个别教育和谈心，进行心理咨询、团体辅导、拒毒训练、体能康复训练。充分利用车间、教室、宿舍等地，抓住早操、工间操、就寝前等各个时间段，随时随地开展教育工作；运用灵活多样的方式让戒毒人员易于接受、乐于接受。

三是教育效果注重"实"。把戒毒人员当作受害者、病人来对待，通过各种形式的教育，真正使戒毒人员思想有所触动、行为有所变化、体能有所改善，戒毒期间有所收获。教育工作逐步由寓教于乐向寓教于理、寓教于心转变。如开展职业技能教育，帮助戒毒人员掌握一技之长，强化传统文化教育，让戒毒人员学会明辨是非，懂得孝敬父母，善待妻儿，承担责任，早日戒除毒瘾，回归家庭。[①]

学习任务1　强制隔离戒毒人员矫正教育概述

一、强制隔离戒毒人员矫正教育的含义

（一）教育的含义

教育是培养人的一种社会活动，是传递生产经验和社会生活经验的必要手段。教育对人的发展起主导作用，它既可以发挥个体遗传上的优势，又可以利用和发挥环境中的积极

---

① 黄河新闻网，Lf.sxgov.cn/content/2020-01/15/content_9774306.html

因素的作用，限制和排除环境中消极因素的影响，以确保个体发展的正确方向。

教育有广义和狭义之分。广义的教育，是指一切能增进人的知识和技能，影响人的思想品德的活动，包括家庭教育、社会教育和学校教育。狭义的教育，是指教育者根据一定社会的要求，有目的、有计划、有组织地对受教育者的身心施加影响，把他们培养成为社会所需要的人的活动，主要是指学校教育。教育作为一种专门培养人的社会实践活动，与其他社会活动的不同表现在：①教育必须由教育者、受教育者、教育影响三个方面的要素构成；②它对人的影响具有目的性、全面性和系统性；③教育者对受教育者所施加的影响既要反映社会的要求，又要适应受教育者身心发展的规律，经过教育影响使受教育者身心发生预期的变化。

（二）强制隔离戒毒人员矫正教育的含义

强制隔离戒毒人员的矫正教育是指戒毒机构帮助戒毒人员认清毒品危害，树立法治观念，提升道德情操和文化素养，改善不良心理，掌握就业谋生技能，增强社会适应能力，戒除毒瘾而实施的有计划、有组织的系统性教育活动。矫正教育是开展戒毒工作的核心内容，是帮助戒毒人员戒除毒瘾的重要手段。

强制隔离戒毒人员的矫正教育是教育活动的一种特殊形式，与普通教育在目的上有很大区别。普通教育是以整理、传承和创新知识为主要目的的一种教育活动，是社会个体实现社会化的主要途径。而强制隔离戒毒人员矫正教育则是以矫正戒毒人员的不良心理和行为恶习为主要目的的一种特殊教育活动，是实现个体再社会化的一种形式。从某种意义上说，戒治的过程就是一个转化的过程，是从一个违法者向守法公民的转化过程，在这个过程中，矫正教育起到了至关重要的作用。

对强制隔离戒毒人员的矫正教育包括主体、对象和内容三个要素。

强制隔离戒毒矫正教育的主体，是指在矫正教育过程中，对戒毒人员实施教育活动的机关、组织和个人。在我国，强制隔离戒毒矫正教育的主体不仅包括戒毒机构，也包括戒毒人员所在的单位、就读的学校、有关部门、家庭成员、亲属朋友以及社会志愿者等社会力量。

强制隔离戒毒矫正教育的对象，是指在强制隔离戒毒场所接受戒毒治疗的人员。《中华人民共和国禁毒法》（以下简称《禁毒法》）第38条规定："吸毒成瘾人员有下列情形之一的，由县级以上人民政府公安机关作出强制隔离戒毒的决定：（一）拒绝接受社区戒毒的；（二）在社区戒毒期间吸食、注射毒品的；（三）严重违反社区戒毒协议的；（四）经社区戒毒、强制隔离戒毒后再次吸食、注射毒品的。对于吸毒成瘾严重，通过社区戒毒难以戒除毒瘾的人员，公安机关可以直接作出强制隔离戒毒的决定。吸毒成瘾人员自愿接受强制隔离戒毒的，经公安机关同意，可以进入强制隔离戒毒场所戒毒。"

强制隔离戒毒矫正教育的内容，是指强制隔离戒毒矫正教育主体对戒毒人员实施矫正教育活动的具体内容及方式、方法。强制隔离戒毒矫正教育的内容是否符合教育对象的实际情况，是决定整个矫正教育活动成败的关键。

二、强制隔离戒毒人员矫正教育的特点

（一）矫正教育环境的隔离性

隔离性，是指在强制隔离戒毒过程中，戒毒人员与外界环境隔离，处于一个相对封闭的环境。强制隔离戒毒的隔离性是国家公权力运行而产生的封闭环境。相对封闭的环境使戒毒人员与毒品隔离，有助于其生理脱毒。这对于戒毒意志力薄弱、自控力差的戒毒人员来讲具有积极意义。矫正教育工作在具有隔离性特点的环境中开展，这是强制隔离戒毒矫正教育与监狱教育、社区矫正教育的显著区别。虽然戒毒人员在相对封闭的戒毒场所内接受戒毒教育和治疗，但不是将戒毒人员与正常的社会环境完全割裂。强制隔离戒毒所需要坚持面向社会原则，树立开放理念，打破隔离束缚，加强与社会的沟通与交流，充分利用社会资源，拓展新的矫正教育路径，不断提高矫正教育效果。

（二）矫正教育内容的特殊性

戒毒人员不同于监狱服刑人员和社区矫正对象。戒毒人员既是违法者，又是病人和受害者。对戒毒人员要惩罚，更要教育和救治。《强制隔离戒毒人员教育矫治纲要》（司发通［2014］75号）规定，教育矫治内容包括：入所教育、法律常识教育、思想道德教育、戒毒常识教育、心理健康教育、文化素质教育、戒毒康复训练、劳动教育和职业技能培训、回归社会教育，其中，戒毒常识教育、戒毒康复训练的内容是在监狱服刑人员、社区矫正对象矫正教育中不涉及的内容，体现了戒毒人员矫正教育的特殊性。戒毒人员是违法者，而监狱服刑人员、社区矫正对象是犯罪人。由此可见，入所教育、法律常识教育、思想道德教育等教育内容也需要针对戒毒人员的特殊性进行设计和组织，不能将监狱教育、社区矫正教育的内容简单地移植或套用。

（三）矫正教育方式的综合性

矫正教育方式的综合性强调将不同的教育方式、内容与资源整合起来，形成教育合力，提高教育效果。矫正教育方式的综合性主要体现在以下方面：第一，教育方法的综合应用。集体教育、个别教育与辅助教育是戒毒场所开展矫正教育工作的主要方式。三种教育方式各具特色，戒毒人民警察应当区别对待，发挥优势。第二，教育内容的综合应用。戒毒人员的文化素质、法律意识、道德水平、认知程度不同,并且戒毒人员在不同戒治阶段的需求也不同,因此,对戒毒人员开展教育的内容应当是综合性的。第三,教育资源的综合应用。戒毒场所应积极引进戒毒人员的家属成员、亲属朋友以及社会志愿者等社会力量,开展感化教育以及其他类型的教育活动。同时,在网络时代,戒毒场所需要充分利用信息化技术,开发适合戒毒人员学习的平台及软件,以提高戒毒人员的学习兴趣,也可以依靠网络平台,引入其他戒毒场所的教育资源或社会教育资源,以丰富学习内容。

三、强制隔离戒毒人员矫正教育的目的

矫正教育目的是矫正教育实践工作的行动指南,是整个矫正教育工作的出发点和归宿。强制隔离戒毒人员矫正教育目的具体体现如下:

2014年司法部印发的《强制隔离戒毒人员教育矫治纲要》(司发通〔2014〕75号)在教育矫治工作目标部分提出:通过综合运用各种教育矫治方法和手段,帮助戒毒人员认清毒品危害,树立法制观念,提升道德情操和文化素养,改善不良心理,掌握就业谋生技能,增强社会适应能力,戒除毒瘾,成功融入社会。

四、强制隔离戒毒人员矫正教育的功能

与普通的教育相比，强制隔离戒毒矫正教育的特征更加明显，它的教育对象很特殊，教育目的很明确，教育工作需要在封闭的环境中进行。其主要功能如下：

（一）转变认知功能

人们内在价值的错误和偏差是滥用毒品的主要原因。戒毒人民警察积极开展强制隔离戒毒矫正教育，让戒毒人员了解相关法律法规、社会发展形势、基本政策等内容，有利于指导戒毒人员了解基础知识，提高他们的法律意识，使他们深刻认识到吸毒是一种危害性较大的违法行为，同时也有利于戒毒人员积极转变思想，正确认知家庭、社会、人际等关系。

（二）矫正行为功能

强制隔离戒毒机构会对戒毒人员积极开展体能康复训练、劳动教育、纪律教育以及实施各种奖励和惩罚措施等。在强制隔离所中，戒毒人员需要严格遵守完整的纪律制度，并融入团体生活和正常生活中。这样不仅可以有效地纠正戒毒人员的违法行为，而且可以激励戒毒人员形成有利于社会发展的正确行为，使他们养成良好的生活习惯，并形成科学而坚实的行为模式。

（三）获取知识功能

在人类的成长与发展中，文化知识是重要的营养要素。强制隔离戒毒机构通过开设各种课程，有效地继承了中华民族的优秀传统文化，提升戒毒人员的综合素养，给戒毒人员带来正能量。

（四）提高技能功能

强制隔离戒毒机构会以市场需求和生产需求为基础，对戒毒人员开展岗位培训和技能培训，从而使戒毒人员能够熟练掌握基本的谋生技能，有效保障未来的生活。除此之外，强制隔离戒毒机构还会通过组织戒毒人员开展康复劳动活动，使戒毒人员积极实践所学知识，丰富戒毒人员的社会功能。

学习任务 2　强制隔离戒毒矫正教育对象

强制隔离戒毒矫正教育的对象是戒毒机构教育矫正工作的实践对象，也是教育矫正活动的最基本要素。在戒毒机构的教育矫正工作中，强制隔离戒毒矫正教育者首先要了解和掌握的也是强制隔离戒毒矫正教育的对象。

一、强制隔离戒毒人员的概念

戒毒人员是指接受戒毒治疗的吸毒成瘾人员。在我国，吸毒是违法行为，吸毒成瘾人员需要进行戒毒治疗。《禁毒法》第31条规定："国家采取各种措施帮助吸毒人员戒除毒瘾，教育和挽救吸毒人员。吸毒成瘾人员应当进行戒毒治疗。吸毒成瘾的认定办法，由国务院卫生行政部门、药品监督管理部门、公安部门规定。"根据此条款，戒毒人员需要接受戒毒治疗，属于矫正对象的范畴。

我国戒毒人员有不同的类型。2008年6月1日正式施行的《禁毒法》重构了戒毒体系，将原有戒毒模式中公安机关负责的强制戒毒和司法行政机关负责的劳动教养戒毒合并为强制隔离戒毒，对吸毒人员不再适用劳动教养，淡化了处罚色彩，同时又增加了社区戒毒、社区康复等新模式。根据《禁毒法》规定的戒毒措施，戒毒人员包括社区戒毒人员、强制隔离戒毒人员和自愿戒毒人员。

强制隔离戒毒人员是指在强制隔离戒毒场所接受戒毒治疗的人员。强制隔离戒毒是根据特定行政机关的决定，通过强制隔离的方式，对符合法定条件的吸毒成瘾人员进行戒毒治疗的一种戒毒措施。所谓强制，是指一段时间内国家对戒毒人员实施相对封闭的管束，即国家运用行政权力限制其人身自由。同时，也强制要求戒毒人员在强制隔离戒毒期间履行配合戒治的义务。所谓隔离，是指国家运用强制力使戒毒人员远离毒品，脱离吸毒群体及环境，但不是单纯地与家庭、社会的隔绝。戒毒是强制隔离戒毒的中心任务，强制隔离戒毒所会根据戒毒人员的吸食、注射毒品的种类、成瘾程度和戒断症状，开展有针对性的生理治疗、心理治疗、身体康复训练、回归社会辅导等，帮助他们消除毒瘾，最终顺利回归社会。从本质上讲，强制隔离戒毒不是对吸毒成瘾者的行政处罚，而是一种挽救吸毒成瘾者的行政措施，是一种限制人身自由的强制性戒毒措施。

二、强制隔离戒毒人员的特点

（一）法律特点

戒毒人员是违法者。在我国刑事立法中，对应吸食毒品行为没有相关罪名，即吸毒不属于犯罪。根据《中华人民共和国治安管理处罚法》第72条的规定，吸食、注射毒品的处10日以上15日以下拘留，可以并处二千元以下罚款。据此，在我国吸毒行为属于违法行为，戒毒人员是违法者。

（二）医学特点

戒毒人员是慢性复发性脑疾病患者。以往观点认为，吸毒是不良行为，是道德败坏的表现。随着科技的进步，现代医学对吸毒行为的疾病观念已形成共识，即吸毒起初是个人行为选择的结果，一旦成瘾就发展成慢性复发性脑病，与高血压、抑郁症等慢性疾病同样需要治疗。

毒品具有极强的成瘾性。毒品成瘾具有以下特征：易产生耐受性，即机体对药物敏感性较低的现象；出现戒断综合征，一旦停止毒品滥用，就会出现特殊的生理、心理症状群；明知故犯，即明知滥用行为会产生危害及痛苦等不良后果，仍去寻找或使用毒品，即使试图戒断，但也无能为力，绝大多数重蹈覆辙；产生稽延性戒断综合征，即急性戒断症状消退后，仍会产生身体和心理依赖。同时，毒品滥用给戒毒人员身体功能造成全方位的损害。毒品对戒毒人员生理系统的破坏是全面的，包括神经、感知觉、呼吸、心血管、消化、免疫、生殖系统等。

（三）心理特点

（1）人格缺陷。戒毒人员的人格特质缺陷突出表现为固执，即大部分戒毒人员的性格偏向好强、固执，表现为自以为是，武断处事，反抗感强；敷衍，即大部分戒毒人员原则性差，应付了事，缺少恒心和毅力，容易放弃，在缺少外在监督、约束的情况下，容易复吸；独立性差，即大部分戒毒人员行动时缺少主见，依赖性强，难以脱离已有的吸毒关系网。

（2）认知偏差。长期吸食毒品会改变脑部的结构，特别是额叶，引发代谢和神经递质的异常，损害戒毒人员的认知能力，导致部分功能性失调和认知障碍。戒毒人员对毒品的作用存在认知误区，对戒毒行为存在抵触倾向。同时，吸食毒品也会导致戒毒人员认知思维方式偏差，主要表现为偏执、极端、武断、固执、猜疑、夸大消极面等。

（3）负性情绪明显。从脑功能的角度分析，长期吸食毒品会破坏戒毒人员的大脑奖赏神经系统，导致戒断后仍会经常感觉空虚或焦虑，加之毒品滥用造成的脑部高级认知功能的损伤，对负性情绪缺乏调节和控制，进一步加剧了负性情绪的困扰。戒毒人员的负性情绪突出的表现为抑郁和焦虑。

（四）行为特点

（1）戒毒人员自控力低。成瘾程度越高，自控力越低。戒毒人员自控力差突出表现为，不自觉地参与到关于毒品和吸毒的讨论之中，并表现出渴求；不能抵制稽延性戒断症状，对毒品产生强烈渴求，进而复吸以及随之而来的反复戒治。

（2）冲动性强。长期吸食毒品引发大脑皮层结构和功能的改变，导致戒毒人员冲动水平上升，即使在戒断期间，仍然存在较强的攻击性。受毒品线索、吸毒环境的影响，冲动性强也是导致复吸的重要诱因。暴力攻击行为是甲基苯丙胺滥用的类型特征，而暴力攻击行为通常是冲动的情绪驱动使然。戒毒人员冲动性的突出表现是，面对消极后果，也会明知故犯；缺乏深思熟虑，偏好即时奖赏；易受外界刺激，实施暴力攻击性或冒险性行为；为缓解戒断症状，不顾后果、不惜代价寻求毒品。

（3）欺骗性强。说谎是戒毒人员普遍存在的行为特点。在吸食毒品期间，戒毒人员为掩盖自己的违法行为或为获取毒资，会欺骗家人、亲友。欺骗行为甚至延续到戒毒期间，例如，为获取更多的替代药品，或是逃避学习、劳动、训练等，或是博得同情，获得"优厚"待遇，戒毒人员通过伪装病情等方法，欺骗医生或警察。

（4）逆反敌对性强。对吸食甲基苯丙胺等新型合成毒品的戒毒人员而言，即使戒断后躯体症状得到缓解，但是敌意、易怒等负性情绪仍会持续较长时间。偏差认知是产生逆反敌对的思想根源。戒毒人员逆反性、敌对性的突出表现主要有："标新立异"处事，即别人反对，他则赞同；抵制强制隔离戒毒的戒毒措施；攻击他人或是对抗戒毒人民警察；等等。

三、强制隔离戒毒人员在矫正教育过程中的地位

（一）强制隔离戒毒人员在矫正教育过程中处于客体地位

强制隔离戒毒矫正教育对象作为教育矫正实践过程中的被教育者、被矫正者，处于一种客体地位。对戒毒人员的教育矫正工作是在矫正教育者的主导下，有目的、有计划、有组织地进行的。因此，就整个教育矫正过程而言，作为强制隔离戒毒矫正教育工作的对象始终处于一种客体地位之中，这是由教育矫正的本质属性所决定的。否定或颠倒这种主客体关系，把戒毒人员视为教育矫正过程的主体，把矫正教育者置于从属地位，实际上是把教育矫正过程跟戒毒人员自发

的学习和发展过程相混同，其实质是从根本上否定教育矫正，否定戒毒所教育工作的有目的、有计划的实践活动。

（二）强制隔离戒毒人员又是教育的主体

根据辩证唯物主义的观点，承认戒毒人员在教育矫正过程的客体地位并不意味着否定戒毒人员在这一过程中的主观能动作用。

戒毒人员是矫正教育者开展教育矫正工作的对象，但这一对象是一个有意识的人，他能否接受教育矫正以及接受教育矫正的程度，都要受到他自己意识的支配。恩格斯就曾指出："就个体来说，他的行动的一切活力，都要通过他的头脑，转变为他的愿望和动机，才能使他行动起来。"戒毒人员的意识在一定程度上是在矫正教育者的影响下形成的，在矫正教育者的教育矫正影响和戒毒人员的行为之间存在着一种函数关系。但是，戒毒人员的主体意识一经形成就具有相对独立性，它以其自身固有的模式去同化外来的影响，从而产生出每个人自身特有的反应。同时，还应该看到，戒毒人员作为接受外部影响的复合体，他还有接受非教育矫正影响的一面。这种影响与教育矫正影响交织在一起构成了每个戒毒人员特定的意识结构，从而形成对教育矫正影响作出反应的选择性和定向性。因此，把戒毒人员看成是完全矫正教育者决定的绝对客体是错误的。此外，矫正教育者的作用作为一种外部力量，不会自动地转化为戒毒人员的意识，教育矫正影响不能简单地授予、移植到人身上，它必须以戒毒人员自身的活动为中介，才能使外部影响纳入到戒毒人员的主观世界中去。也就是说，教育矫正过程不仅包括了矫正教育者的活动，也包括了戒毒人员的活动，还包括了戒毒人员对外部世界有目的的作用过程。从这个意义上说，对戒毒人员进行教育矫正的过程就不单纯是一个由外向内的传导过程，同时也是一个由内向外的主动作用过程，而前者要以后者为中介。换句话说，矫正教育者的活动一定要与戒毒人员的主动活动相联系，矫正教育者的活动目的一定要转化为戒毒人员的活动目的，矫正教育者所施加的影响一定要构成戒毒人员活动的手段和对象，这样，教育矫正才能产生它的作用。总之，戒毒人员的变化，虽然是在矫正教育者的干预下引起的，但是，归根到底要通过他们自身的矛盾运动而实现，因此，矫正教育者无法脱离戒毒人员自身的活动而为所欲为。

学习任务3　强制隔离戒毒矫正教育者

一、强制隔离戒毒矫正教育者的岗位职责

（一）岗位设置

矫正教育是戒毒场所开展戒治工作的一项重要内容。我国戒毒场所矫正教育管理机构的设置主要分为司法部戒毒管

理局教育矫治处、省（自治区、直辖市）戒毒管理局教育矫治处、强制隔离戒毒所教育矫治科三级部门。目前基层单位是强制隔离戒毒所的教育矫治科以及根据综合戒治需要而设立的核心业务组织即"教育矫正中心"。其中，教育矫治科的主要职能包括组织开展场所文化建设、规范矫正教育工作制度、拟订矫正教育工作计划、督导和检查矫正教育工作、通报和交流矫正教育典型经验、开展矫正教育基础性专题研究、收集和反馈矫正教育活动的重要信息和工作报表等；教育矫正中心的主要职能包括接受教育矫治科管理指导、执行矫正教育工作计划、组织和管理强制隔离戒毒人员在监所戒治期间的教育学习活动、组织专兼职教师备课与授课、开展戒毒人员矫正教育诊断评估、负责矫正教育基础资料的建立与管理等。

强制隔离戒毒所矫正教育工作队伍的主体是戒毒人民警察。其核心业务组织的岗位设置包括教育矫正中心主任、教育矫正中心副主任、专职矫正教育者和兼职矫正教育者。教育矫正中心通常设有主任1名，部分大型、中型强制隔离戒毒所另设有副主任1—3名，配备专职矫正教育者1名以上，兼职矫正教育者若干名。在矫正教育工作人员不足的情况下，许多强制隔离戒毒所根据相关规定和实际需要，聘请社会专业人员作为师资力量的补充。

（二）职责任务

强制隔离戒毒所矫正教育者的基本职责在于，通过综合运用各种矫正教育方法和手段，帮助戒毒人员认清毒品危害，树立法制观念，提升道德情操和文化素养，改善不良心理，掌握就业谋生技能，增强社会适应能力，戒除毒瘾，成功融入社会。具体而言，教育矫正中心主任、教育矫正中心副主任、专职矫正教育者和兼职矫正教育者各自承担不同的职责分工和任务安排。

第一，教育矫正中心主任的职责任务主要包括但不限于：（1）主持教育矫正中心全面工作；（2）宣传贯彻党的方针政策，落实上级领导、组织的各项工作要求，规范执法执纪，提高工作能力和效率，完成各项工作；（3）组织对课堂教学的监督、检查与考核；（4）完善中心建设，负责对中心人员的教育管理，指导中心日常工作，定期检查工作开展情况和业务台账，落实整改；（5）负责组织矫正教育工作相关的业务培训、学习考察和课题研究，推广应用戒毒新技术、新方法；（6）按时参加全所诊断评估办公会议，提出诊断评估结论和意见；（7）不断完善中心业务工作流程，提高工作实效和科学化水平；（8）完成上级领导交办的其他工作。

第二，教育矫正中心副主任的职责任务主要包括但不限于：（1）协助中心主任开展中心各项工作；（2）制定戒毒人员矫正教育工作实施细则，合理设置矫正教育课程，协助主任做好专兼职矫正教育者的管理和考核;(3)建立矫正教育工作档案,按要求落实课堂教学的备课笔记,建立完善各项业务台账;(4)做好分管工作的业务平台建设、运行与维护;(5)参与组织矫正教育工作的业务培训、学习考察和课题研究,推广应用戒毒新技术、新方法;(6)办理中心其他日常事务;(7)完成上级领导交办的其他事项。

第三,专职矫正教育者的职责任务主要包括但不限于:(1)在中心主任、副主任指导下开展入所教育、日常教育、出所教育,并督查考核;(2)积极备课,按要求组织课堂化教学,并辅导答疑、做好课堂记录、布置和批改作业;(3)及时掌握各区段戒毒人员的学情变化,对教学中出现的问题妥善处理,并向中心主任汇报;(4)对难以转化的戒毒人员,应实施重点个别教育、跟踪教学和案例研讨;(5)组织戒毒人员参加职业技能培训、辅助教育、分类教育、社会帮教等工作;(6)参加矫正教育课题研究,撰写年度教研工作计划,参与课题组会议等有关工作;(7)参与矫正教育评估工作;(8)完成上级领导交办的其他工作。

第四,兼职矫正教育者的职责任务主要包括但不限于:(1)在中心主任、副主任指导下进行矫正教育、教学及教研工作;(2)承担部分课程的备课、授课任务,并辅导答疑、做好课堂记录、督促戒毒人员完成作业;(3)及时掌握各区段戒毒人员的学情变化,对教学中出现的问题妥善处理,并向中心主任汇报;(4)参加矫正教育课题研究,参与有关会议；（5）辅助矫正教育评估工作；（6）完成上级领导交办的其他工作。

二、强制隔离戒毒矫正教育者的工作特点

（一）法定性

矫正教育者的工作对象是戒毒人员，对他们进行的矫正教育是国家法律赋予戒毒矫正机构的一项重要职能，具有鲜明的法定性。我国戒毒矫正教育工作的法律依据主要包括《禁毒法》《戒毒条例》和司法部、公安部等有关部门制定的《司法行政机关强制隔离戒毒工作规定》《强制隔离戒毒人员教育矫治纲要》《强制隔离戒毒诊断评估办法》等一系列带有法律性质的行政规章及其他规范性文件。这些法律和规章制度的出台实现了戒毒矫正教育工作有法可依、有章可循，充分保障了戒毒工作法治化、规范化运行，其中，《强制隔离戒毒人员教育矫治纲要》的规定内容涉及戒毒矫正教育的工作目标、基本原则、主要内容、方式方法、组织实施等诸多方面。

矫正教育工作具有法定性的特点，一方面，要求矫正教育者必须严格遵守法律的规定，依法履行国家赋予其开展矫正教育的职责；另一方面，要求矫正教育对象必须依法履行其接受矫正教育的义务，并在矫正教育者的教导下树立学法、尊法、守法、用法的观念，逐渐从内心深处真正理解和认同

法律的正义性、权威性,进一步强化规则意识、遵守法律规范。

（二）复杂性

矫正教育是一项复杂而艰巨的工作,其复杂性主要体现在工作对象、工作任务、活动意向三个方面。首先,矫正教育者的工作对象在年龄、性别、个性、人生观、世界观、价值观、家庭出身等方面各不相同,矫正教育者的工作对象存在不同程度的消极意识,如有的思想偏激,有的人格缺陷,还有的有心理疾病,这就给矫正教育工作增加了复杂性。其次,工作任务的复杂性。矫正教育者既要向矫正教育对象传授文化知识,又要进行法律常识教育、思想道德教育,还要开展习艺劳动教育、职业技术教育。对于特殊的矫正教育对象,更要采取及时的心理咨询乃至心理治疗、行为矫正的方法。最后,活动意向的复杂性。教育是一种具有目的的意向性的活动,即教育者和教育对象对于教育活动的目的和方向都有一个认识,且教育活动的效果取决于教育者和教育对象双方的目的意向。在普通的教育领域中,教育者和教育对象的目的意向是一致的。但在矫正教育领域中,矫正教育者的意向代表着党和政府对教育、感化、挽救吸毒人员的期望以及人民群众对社会安全稳定的期盼,而矫正教育对象的意向则代表着他们自己的利益。这两种意向常常是相背离或相抵触的。这就决定了矫正教育工作要比普通教育工作更为复杂而艰巨。

（三）示范性

尽管矫正教育与普通教育在工作目标、对象、主体、内容、方法、手段、场所等方面各不相同，但共通之处在于"教育"。而教育作为一种培养人的社会实践活动，决定了矫正教育者、普通教育者的工作均具有一定的示范性。[①]

矫正教育者在工作过程中不仅以执法者和管理者的身份出现，而且以教师或者教育者的身份出现，因此要以自身的言行率先垂范，利用言传身教的方式潜移默化地影响矫正教育对象。事实上，任何一位矫正教育者，无论他能否意识到表率的作用，也无论他是否自觉以身作则，都在为矫正教育对象进行示范，从而使其个人言行具有一定的教育意义。

矫正教育者的工作示范性除了外在的、可以直接感知的言行，还有内在的、需要理性判断的品德。在矫正教育过程中，矫正教育者自身的个性心理品质、伦理德性、职业操守对于矫正教育对象具有重要的教育作用。这种示范作用尤其在开展思想道德教育活动中，成为最现实、最典型、最有力的教育手段，能够强化矫正教育对象在道德感知中所重塑的价值观念，进而提高理性认识和情感水平。

（四）主导性

矫正教育者作为"灵魂工程师""人生领航者"，担负

---

① 夏宗素主编：《矫正教育学》，法律出版社，2014年，第150页。

着重新塑造矫正教育对象心灵的重要任务。矫正教育者受国家和社会的委托，要把矫正教育对象从一条与矫正教育目的相反的发展道路上引领回来，使矫正教育对象的身心发展、思想状态与矫正教育要求相一致。如果缺少了矫正教育者的导向性、权威性和制约性，矫正教育对象就会在人生的道路上继续迷失方向。

矫正教育者在依法执教、依法施教的过程中，既是执法者又是教育者，其开展的教育活动本身就是执法活动的一部分，其主导性是毋庸置疑的。只有坚持矫正教育者是矫正教育活动的主导者，才能确保矫正教育活动沿着社会主义法治的路线发展，才能在实践中促进矫正教育对象顺利回归社会。

三、强制隔离戒毒矫正教育者的素质要求

（一）政治思想素质

面对具有各种不正确、不健康甚至腐朽的世界观、人生观、价值观的形形色色的戒毒人员，矫正教育者必须有坚定的立场、信念和理想。在思想政治方面，必须坚决拥护中国共产党的领导，拥护社会主义制度，具备坚定的共产主义理想信念；必须坚持不懈地学习习近平新时代中国特色社会主义思想，认清社会发展规律，坚定"四个自信"，即道路自信、理论自信、制度自信和文化自信；必须牢固树立"四个意识"，即政治意识、大局意识、核心意识和看齐意识；必须以社会

主义核心价值观为指导，始终坚守"忠诚、为民、公正、廉洁"的价值观，抵御各种不正确的思想观念的冲击；必须牢固树立忠诚、干净、担当、敬业的品质，严守政治纪律和政治规矩，坚决在思想上、政治上、行动上同以习近平同志为核心的党中央保持高度一致，坚定不移服从党的领导，严明党的纪律，听党话，跟党走，切实践行"立警为公，执法为民"。

（二）职业道德素质

1. 爱岗敬业

主要是指在开展矫正教育工作中要有艰苦奋斗、默默奉献的敬业精神，强烈的社会责任感和事业心，积极工作而不敷衍塞责，研究工作而不得过且过，具有尽职尽责的决心和毅力，并在爱岗敬业的基础上有所贡献、有所创新，不能满足于"苦劳"，要有"功劳"，有所成就。

2. 进取奉献

主要是指学习、勤奋、奉献，即把学习当作迅速提高矫正教育工作能力的重要途径，把勤奋作为持续探索矫正教育规律的动力，把奉献作为追求和实践矫正教育目标的精神境界。

3. 公正廉洁

是指在执法施教方面应严格要求自己，做到公正廉洁、不徇私情、不谋私利、防止腐败。凡是涉及戒毒人员的权利、待遇和奖惩方面的问题，都应依法依规公开、公平、公正处理，以公正无私的执法者形象影响戒毒人员，加大矫正教育力度，增强矫正教育效果。

（三）业务素质

1. 专业知识

矫正教育者的专业知识主要包括法学、犯罪学、禁毒学、教育学、心理学、社会学等方面的知识，特别是矫治心理学、戒毒矫正教育理论等教育学、心理学、禁毒学的分支学科知识，其中，法学是研究用法即以强制的手段来调整、规范有关社会关系的科学；犯罪学是研究犯罪现象及其规律的科学；禁毒学是研究毒品问题的规律、特点及毒品预防与控制方法、手段的科学。这几方面的知识有助于把握矫正教育工作的原则和方向。教育学主要研究开展教育活动的原则、规律和方法、手段问题，心理学主要研究人的心理结构、心理变化规律等问题，社会学主要研究社会良性运行和协调发展的规律、条件和机制等问题。对教育学、心理学、社会学等知识的掌握，有助于解决矫正教育工作中的规律性、方法性、技术性问题。

2. 专业能力

矫正教育者的专业能力主要包括观察、认识、分析和处理问题的能力以及语言表达能力，做到"提笔能写，开口能说，遇事能办"，其中，观察能力是指对戒毒人员行为举止、神情姿态等细微之处的注意力和觉察力，特别应注意从细微之处觉察出变化和问题，从而及时了解、核实，并予以解决；认识能力是指透过某些现象认识其本质或规律的能力，主要是能够透过戒毒人员某些貌似悔改的假象认识其背后所隐藏的消极戒治的真实意图；分析能力是指对某一现象所进行的有理有据的逻辑严密的剖析能力，主要表现为对戒毒人员说服教育的能力；处理问题的能力，即要求对戒毒人员在接受教育中的消极表现和突发问题能够及时予以解决或提出较为妥善的解决方案；语言表达能力是指面对戒毒人员的谈话能力、讲话能力、授课能力以及某些公文、应用文书，如计划、总结、报告和执法文书的写作能力。此外，矫正教育者的教育管理能力、组织协调能力、防范处理突发事件的能力、舆论引导能力、个别教育能力、课堂讲授能力、队列讲话能力、执法文书制作能力、信息化实战应用能力等都是专业能力的具体体现。

（四）心理素质

矫正教育者在工作中的心理特征和心理品质对其本职工作具有重要影响，矫正教育者的一切执法活动都会受到心理因素的影响和作用。其身心承受能力的强弱，直接影响到自己的精神状态、自身形象和工作效果。良好的心理素质不仅是维持矫正教育者身心健康的重要条件，而且是战胜各种压力和挑战的重要保障。矫正教育者应具备以下心理素质：（1）良好的意志品质，如沉着冷静、临危不惧、专心投入、耐心细致、坚决果断、审时度势、机动灵活、百折不挠、英勇顽强、坚持原则、处事公道等。（2）良好的观察、记忆、注意、思维能力。（3）稳定的情感和顽强的意志，能够抵御错误干扰和各种诱惑，能保持慎独与自我净化。（4）宽广的胸怀、合作的气度和较强的心理承受能力。

（五）身体素质

身体素质是个体道德和智慧的载体和物质基础。没有健康的体魄，一切都变得毫无意义。矫正教育者扮演着教育者、管理者、执法者等多种角色，承担的工作任务重、压力大，所以要有健康的体格和全面发展的身体耐力，才能够顺利完成本职工作，这是矫正教育者各种才能得以正常发挥乃至超常发挥的物质基础。加强身体素质的训练和培养，对处理矫正教育工作中遇到的紧急情况、突发事件很有必要。

【任务考核1-1】

何某，小学文化程度，入所强制隔离戒毒时还未成年。何某的童年是灰暗的，从小父母离异，跟随爷爷奶奶一起生活。由于年幼无知、缺少父母的关爱教育，何某经常逃学、打架，最后被学校开除；出校园后，结识了许多与自己"同病相怜"的"兄弟们"，对"兄弟们"言听计从，从不断跟爷爷奶奶骗钱，发展到后来的偷窃。2020年，年仅15岁的何某在好奇心驱使下初尝毒品，之后便一发不可收拾，等待他的是长达两年的强制隔离戒毒。刚来戒毒所时，因为对严格的管理不习惯，以及对毒品的心瘾仍然存在，何某从心底里对戒毒所有着很强的抵触情绪。他就像一只受伤了的小兽,四处冲撞,一言不合就挥拳头,让其他学员难以亲近,也让管教民警头疼不已。

针对这些情况,大队为何某制定了"三步走"教育方案:第一步,打破他的防备心理,帮助他重新建立安全感;第二步,引导何某树立正确的人生观和价值观,帮助他认清是非对错、善恶美丑;第三步,加强文化、品德、法律知识和毒品常识教育,让他深刻认识到毒品对自身及对社会的危害。

爱的召唤,让阳光照进他尘封的心灵。有目标、有追求的日子总是过得很快。何某认真学习,积极参加所内各项活动,因为表现突出,提前三个半月解除强制隔离戒毒。出所的那天,阳光明媚,换上崭新衣服的何某面色红润,精神抖擞,脸上笑容灿烂,迎接他的是关爱他的家人和崭新的未来。半年后通过电话跟踪回访,得知何某回家后报考了当地职业学校的考试,现正在积极备考中。

请问强制隔离戒毒人员矫正教育的目的是什么?具有哪些功能?

【任务考核 1-2】

王某,省女子强制隔离戒毒所三大队戒治副大队长。自 2002 年从警以来,她一直坚守在戒毒一线,扎根基层,拼搏进取。从 2013 年主抓大队戒治工作开始,她将满腔热血倾注在对戒毒人员的教育挽救上,多次被评为所内"先进工作者"和"优秀公务员",被省厅授予"优秀共产党员"称号。在工作中，她业务理论扎实，善于总结实践经验，所撰写的论文"创新教育形式，活化强戒工作"在省司法厅"业务争先锋"征文活动中荣获二等奖。她带领大队民警攻坚克难，在班子成员团结协作下，其所在部门荣获省直机关"青年文明号"及全省司法行政戒毒工作"先进大队"等荣誉称号。

结合案例谈一谈，强制隔离戒毒矫正教育者的岗位职责是什么？需要具备哪些素质？

【拓展思考】

（1）通过学习强制隔离戒毒矫正教育的特点，辨析强制隔离戒毒矫正教育与普通社会教育的区别。

（2）如何理解强制隔离戒毒矫正教育目的？

（3）强制隔离戒毒矫正教育民警需要哪些专业能力才能做到"提笔能写、开口能说、遇事能办"？

（4）我国戒毒人员包括哪几种？有何特点？

实训项目1 强制隔离戒毒所见习

一、实训目的

通过实地参观和戒毒所的民警讲解和介绍，使学生对戒毒所教育矫正的各部门、各环节有一个感受和认识，激发学生的好奇心和学习热情。

二、实训要求

（1）明确训练目的。

（2）明确训练的具体内容。

（3）熟悉训练素材。

（4）按步骤、方法和要求进行训练。

三、实训条件和素材

1. 实训条件

联系实训基地，向其发送一份实训方案，以便其提前准备好学生需要的资料。

2. 实训素材

学生结合本章内容设置一些问题，在实训当中向民警提问，请求释疑。

四、实训方法和步骤

（1）由校内指导教师将学生带到实训基地。

（2）基地矫正教育部门安排专人，沿着事先确定的路线进行讲解和介绍。

（3）学生就准备的问题和在现场观察和发现的疑问进行提问，由基地指导老师给予解答。

（4）返校后结合本项目内容撰写实训心得，形成书面材料。

五、实训考核

（1）学生总结实训见闻，写出实训心得体会。

（2）指导教师进行讲评，并评定训练成绩。

项目二
强制隔离戒毒人员矫正教育的原则

【学习目标】

知识目标：掌握以人为本、因人施教、综合矫治、面向社会、科学创新原则的含义、要求。

能力目标：能够在具体的教育实践中灵活运用基本原则开展不同类型的教育。

素质目标：具备忠诚敬业、履职尽责的职业道德；具备以人为本、认真负责、耐心细致的职业精神。

【案例导入】

临汾戒毒所进行科学有效的教育戒治，坚持"一把钥匙开一把锁"，达到了事半功倍的功效。刚入所的戒毒人员小安敏感多疑，因口角之争动手殴打了同宿舍的戒毒人员小智，当班民警及时制止没有造成小智重伤，小安得到了一定的惩戒。惩戒结束后，民警发现小安并未因此产生悔罪感，"严管"似乎没有真正触及其灵魂。作为小安的主管民警，冯振晋通过观察了解发现，小安脾气暴躁、自控能力差，平时爱面子，谈吐虚荣，与其他戒毒人员一发生摩擦，就有强烈的"动手"欲望。根据他日常的言谈举止、喜怒哀乐等细节变化，冯振晋得出这样的结论：现在的"严管"措施对小安来说治标不治本。

为此，冯振晋根据小安的实际情况，为其拟定了"因人施教、因情施策"教育方案。在谈话教育时，冯振晋首先肯定了小安平时能积极参加戒治生活,在生活、学习中表现积极、不怕吃苦、努力完成各项任务等优点,同时也为其因犯错而罚分,失去本季度评估考核减期的机会感到惋惜和难过。等小安情绪状态平静下来之后,冯振晋指出了他存在的一系列个性问题,并对他的违纪行为提出严厉批评。"以后不管有什么事要与民警多沟通,要学会控制自己的情绪,遇事要冷静处理,凡事三思而后行,要从事件中吸取教训,多反省自己的行为,希望你在今后的戒治生活中有一个明显的转变。"冯振晋语重心长地告诉小安。这招果然奏效,听了冯振晋的话,小安低下了头,眼里噙满泪水。在随后的教育中,冯振晋比较准确地把握了小安的思想脉搏,按照事先预想的思路,及时压制其张扬的个性,消除其侥幸心理,并及时肯定其优点、长处,激励他积极戒治。目前,小安的思想逐渐稳定,能够重新认识自己的错误,并恢复到了正常的戒治状态。(文中戒毒人员均为化名)[①]

原则是我们观察问题、处理问题和做人的基本准则,它是从自然界和人类社会实践中抽象出来的。每个人在社会实践活动中都会受到一定原则的影响,正确反映事物本质的原则,能够对我们的社会实践活动起到积极促进作用;反之,则会起到消极阻碍作用。

强制隔离戒毒人员矫正教育的原则,是指戒毒机构对强

---

① 《因人施教 因情施策——临汾戒毒所个别教育实践侧记》,山西法制报,2022年11月10日。

制隔离戒毒人员进行矫正教育时必须遵循的基本行为准则和要求。

2014年司法部下发的《强制隔离戒毒人员教育矫治纲要》中明确提出，矫正教育工作要坚持以人为本原则、因人施教原则、综合矫治原则、面向社会原则、科学创新原则。

学习任务4　以人为本原则

一、以人为本原则的含义

以人为本是指以人为价值的核心和社会的本位，把人的生存与发展作为最高的价值目标，一切为了人，一切服务于人。[1]在戒毒矫正教育工作中，以人为本原则是指以戒毒人员为本位，为实现戒毒人员戒除毒瘾、回归社会的目标而组织人性化矫正活动的准则。

二、贯彻以人为本原则的基本要求

（一）矫正教育应当契合戒毒人员的多重需要

戒毒人员身份的多重性决定了其戒毒需求的多样性，进

---

[1]　奚洁人主编：《科学发展观百科辞典》，上海辞书出版社，2007年，第23页。

而也决定了矫正教育内容的差别性。戒毒人员不同于服刑人员，兼具病人、违法者、受害者的角色。戒毒人员是病人，有戒断毒瘾、治疗疾病、康复训练等方面的需要；戒毒人员是违法者，有改变认知、重塑观念、保持操守的再社会化需要；戒毒人员是受害者，有得到关怀、受到尊重、保障权益的需要。矫正教育的内容、方式要与戒毒人员不同层次、不同类型的需要相契合，这样才能最大限度地提高教育效果，才能实现戒毒人员戒除毒瘾、融入社会的目标。这既是以戒毒人员为中心、为本位、为出发点的直接体现，也是以人为本原则的真正贯彻。戒毒民警从自身角度出发，经验性地判定"戒毒人员应该学什么，应该怎么学"，无视、忽视、漠视戒毒人员的戒毒需要，主观臆断地组织矫正教育工作势必效果不佳，甚至"南辕北辙"。

（二）营造严管与厚爱并重的教育氛围

戒毒民警应当变革观念，"去管控化""去严惩化"思维是营造严管与厚爱并重矫正教育环境的前提。戒毒民警把法治理念灌输到矫正教育过程之中，坚持严格管理，保障场所"六无"[①]，既能为戒毒人员提供安全的"无毒"环境，也能够矫正戒毒人员的不良行为，为其保持操守奠定基础。同时，戒毒民警也要把服务理念贯穿到矫正教育过程之中，

---

① 戒毒场所"六无"是指无毒品流入、无戒毒人员脱逃、无戒毒人员非正常死亡、无所内案件、无安全生产事故、无重大疫情。

严管的前提下保障厚爱,尊重和保障戒毒人员的权利,不歧视、不排斥戒毒人员,鼓励他们积极向上,增强他们回归的信心,帮助他们重塑自我。在这里,通过"春风化雨"式的感化实现"厚爱"。戒毒民警要以情感人,帮助戒毒人员解决实际问题,感化戒毒人员内心的"冰冷"世界;要言传身教,身体力行,用忠诚、干净、担当的职业精神及操守去改变戒毒人员的偏差行为及错误观念。此外,在矫正教育过程中,戒毒民警要坚持以理服人原则,要摆事实,讲道理,不能用权威去强制。这样才能减少戒毒人员的抵触、对抗以及对立,营造严管与厚爱并重的教育环境。

(三)尊重并发挥戒毒人员的主体性

以人为本的教育原则要求充分发挥戒毒人员主体性,即自身的参与意识、主动意识与创造意识,克服戒毒人员"物化""对象化"的倾向。在矫正教育过程中,我们不能片面地将戒毒人员视为矫正客体,忽视他们的主体性,即主观能动性以及自我改造能力。换言之,矫正教育工作不是戒毒民警"单方"的事情,而是戒毒民警与戒毒人员"共同"承担的任务。在以往的矫正教育工作中,戒毒人员的主体性、主观能动性时常被遮蔽、被抹杀。一味"灌输",单向"传递",形式僵化,矫正效果必然受损。这也与以人为本原则,以戒毒人员为中心和出发点的理念相背离。发挥戒毒人员的主体性,调动戒毒人员主动参与意识的路径可以从两个方面入手。

一方面，在矫正教育理念方面，戒毒民警要坚持尊重接纳，多倾听他们的想法与感受，尊重人格尊严，搭建沟通信任平台；坚持助人自助，引导戒毒人员主动担当戒毒康复的任务，积极参与学习训练活动，主动学习戒毒康复方法。另一方面，在矫正教育过程中，戒毒民警要让戒毒人员知晓教育目标，在教育内容的选取、教育方法的应用、教育方案的设计、教育计划的制定、教育效果的评价等方面听取戒毒人员的想法及建议，将工作重点转移到戒毒人员的主观体验、自我救赎、自我成长、自我完善方面，将教育模式由静态转向动态，将"要我戒毒"转向"我要戒毒"，进而实现矫正教育的根本目标。

学习任务5　因人施教原则

一、因人施教原则的含义

因人施教是教育活动的基本原则，也是戒毒矫正教育工作应当遵循的基本原则。

因人施教原则是指根据戒毒人员的生理、心理、行为、个性特点、吸食毒品种类、成瘾程度、戒断状况以及家庭关系、结构、资源等方面特征，设计个别化教育方案，采取个性化教育方法的准则。

二、贯彻因人施教原则的基本要求

（一）掌握戒毒人员的个性特点

马克思主义哲学强调，矛盾具有普遍性与特殊性，而矛盾的特殊性要求我们要具体问题具体分析。戒毒人员的个性特点，就是矛盾的特殊性，即差异性。可以说，承认差异、认识差异、尊重差异是因人施教的前提。戒毒民警不仅要研究戒毒人员的群体性特征，寻找戒毒人员存在的普遍性、共通性问题，积极组织集中教育、分类教育，更应当明察戒毒人员的个体化、个性化特征，特别是典型性戒毒人员的差异性，积极开展个别教育。戒毒人员看似相似，实则不同。全面掌握每位戒毒人员的特殊性是落实因人施教原则的前提。戒毒人员的性别、年龄、文化程度、主观认知与态度、心理特征、身体健康状况、婚姻状态、家庭结构及关系、经济水平、职业技能水平、就业观念与能力、吸毒种类与方式、吸毒与复吸原因、成瘾程度、戒断状况、社会接纳等方面，各有不同。如果戒毒民警采取"公式化""一刀切"的方式，就无法达到理想的教育效果。因此，戒毒民警要深入戒毒人员的学习教育、习艺劳动以及生活现场，观察戒毒人员的行为表现，或通过访谈、问卷调查、心理测试、查阅档案等方法，全面、客观地掌握戒毒人员的情况与特点。这些差异化的情况与特点是因人施教的根据，直接影响教育的内容及形式。

（二）制定个别化的矫正教育方案

在掌握戒毒人员的个性特点后，戒毒民警还要结合戒毒人员的群体特征，设计个别化的教育方案，选择合适的教育内容与方法，这样才能获得高质量的教育效果。例如，缺乏判断力、自控力和交友不慎是青少年涉毒的主要原因。青少年身心发育不成熟，易受周围不良因素影响。青少年渴望结交朋友，喜欢和自己年龄相当、兴趣一致的人交往，但也更容易受身边"损友"勾引。[①]据此，青少年戒毒人员教育要加强文化素质教育、心理健康教育以及社会适应性教育，教育方法应侧重体验式和参与式教育。女性戒毒人员的心理及人格特点是普遍呈现偏执、悲观、抑郁、焦虑、多疑、自卑、极端、敏感、敌对、不自信等，表现为焦虑、抑郁、恐惧等不良情绪，日常情绪波动较大，喜怒无常。由于价值观扭曲、人格不健全导致情感扭曲，已明显外化为感知觉障碍、情绪情感障碍、意志品质障碍，因此很难树立起健全的人格与戒毒信心。[②]据此，女性戒毒人员要加强价值观教育与心理健康教育，教育手法应侧重感化教育与感性教育。可见，青少年、女性戒毒人员有其自身特点。此外，新入所戒毒人员与反复

[①] 褚宸舸、张永林：《陕西省青少年吸毒违法问题调查》，《人民法治》，2019年第12期，第40页。

[②] 徐彦：《吉林省女子强戒所女性戒毒人员矫治实践》，《犯罪与改造研究》，2018年第8期，第28页。

入所戒毒人员，吸食、注射传统毒品与新型毒品的戒毒人员，身患病残与未患病残的戒毒人员也各不相同。因此，在设计矫正教育方案时，戒毒民警要充分考虑不同类型戒毒人员的特征。

因人施教原则也要求充分调动戒毒人员主观能动性。《礼记·学记》中称，"知其心，然后能救其失也。教也者，长善而救其失者也。"因此，在因人施教的过程中，戒毒民警要充分发挥戒毒人员自身的优点，做到长善救失，从而帮助戒毒人员树立信心，提高回归社会的勇气。

学习任务6　综合矫治原则

一、综合矫治原则的含义

综合矫治原则是指将不同的教育方式、内容与资源整合起来，形成教育合力，进而提高教育效果的准则。

马克思主义哲学强调，物质世界是普遍联系的。事物不仅与它周围的事物相互依存，而且其内部的部分也是相互作用的，进而构成统一的整体。系统论强调从整体出发来研究整体与要素之间、要素与要素之间的关系。在系统论思想的指导下，矫正教育工作要坚持综合矫治原则，把握好矫正教育与管理、生理治疗、康复训练、心理矫治、生产劳动等要素之间的关系，整合好不同教育方式、教育内容与教育资源之间的关系，以形成合力，进而促进戒毒工作整体水平的提高。

二、贯彻综合矫治原则的基本要求

（一）矫正教育是集方式、内容与资源为一体的矫治工作

从系统论的角度出发，戒毒人员的戒治是一个系统工作。戒毒人员戒治工作作为一个系统，其主要构成要素有管理、教育、劳动、治疗、康复等。戒毒人员戒治工作的效果取决于其构成要素功能的发挥及相互协调。同时，矫正教育工作也可以视为一个系统，其主要构成要素有教育内容、方法、资源等。戒毒民警应当坚持综合矫治原则，注意将上述要素有机结合起来，形成整体合力，提高戒治效果。

1. 教育方式的综合应用

集体教育、个别教育与辅助教育是戒毒场所开展矫正教育工作的主要方式。三种教育方式各具特色，戒毒民警应当区别对待，发挥优势。集体教育是以戒毒人员群体为教育对象的方法，主要解决戒毒人员共同存在的普遍性问题。形式规范、内容权威、受众广泛是集体教育的优势，难以发现并解决戒毒人员的个性化、特殊化问题是其局限所在。个别教育是因人施教的重要体现。教育内容的针对性、方法的灵活性、效果的稳定性是个别教育的优点，受众少、耗时长、投入多

是其局限所在。个别谈话应当把握好时机,注意谈话的艺术。辅助教育是通过组织活动或环境熏陶等方式,潜移默化地影响戒毒人员的方法。教育形式的依附性、内容的渗透性是辅助教育的特点。在开展辅助教育过程中,注意调动戒毒人员的积极性,注重提高戒毒人员的注意力。辅助教育能达到耳濡目染、寓教于乐的作用,但效果慢、作用效果不同是其局限所在。戒毒民警应当综合运用上述教育方法,最大限度地发挥不同矫正教育方法的优点,进而提高矫正教育效果。

2. 教育内容的综合应用

矫正教育的目的是增强戒毒人员戒毒动机和戒毒信心,掌握戒毒的技术与方法,实现戒除毒瘾与回归社会。戒毒人员的文化素质、法律意识、道德水平、认知程度不同,并且戒毒人员在不同戒治阶段的需求不同,因此,对戒毒人员开展教育的内容应当是综合性的。根据《强制隔离戒毒人员教育矫治纲要》要求,戒毒场所应当开展戒毒法律法规教育、所规所纪教育、法律常识教育、思想道德教育、戒毒常识教育、文化素质教育、形势政策教育、社区戒毒社区康复政策宣讲、戒毒康复体验等。戒毒民警传授综合性的知识内容,能够改变戒毒人员的错误认知,端正其戒毒动机,增强其戒毒信心。

3. 教育资源的综合应用

教育资源的综合应用强调戒毒工作的社会化。统一模式背景下的"四区五中心"[①]专业化运行能够为戒毒人员提供各类教育知识，但是，强制隔离的戒治环境在一定程度上限制了教育资源引进。由此，强制隔离戒毒场所应当树立开放性思维，开拓渠道，最大限度地引进戒毒人员的家属成员、亲属朋友以及社会志愿者等社会力量，开展感化教育以及其他类型的教育活动。同时，在网络时代，戒毒场所应当充分利用信息化技术，借助推进智慧戒毒的契机，开发适合戒毒人员学习的平台及软件，以提高戒毒人员的学习兴趣。另外，在"互联网+"背景下，戒毒场所可以利用网络平台，引入其他戒毒场所的教育资源或社会教育资源，为戒毒人员学习拓宽视野。总之，教育资源的综合应用强调将所内资源与所外资源有机融合，将"线下"资源与"线上"资源有效对接，进而提高矫正教育资源的总量与效应。

（二）戒毒民警应当树立整体性观念

整体性观念是落实综合矫正原则的前提。戒毒民警应当树立整体性观念，将戒毒工作视为工作系统，综合运用矫正教育、心理矫治、康复训练、习艺劳动等矫正手段，形成合力，提高矫正效果。同时，戒毒民警也要将矫正教育工作视为工作系统，将不同的教育方法、教育内容与教育资源进行整合，

[①] "四区五中心"，"四区"指生理脱毒区、教育适应区、康复巩固区、回归指导区；"五中心"包括戒毒医疗中心、教育矫正中心、心理矫治中心、康复训练中心、诊断评估中心。

发挥其整体优势，提高矫正教育质量。与之相对应，戒毒民警应当摈弃片面主义的错误观念。片面主义强调戒治工作中某一要素或某些要素的功能及价值，将主要精力投入其中，而忽视其他要素的作用。例如，在戒毒工作中，一些戒毒民警重视生产劳动，忽视矫正教育；重视行为养成，轻视心理矫治；重视场所管理，漠视康复训练；重视集中教育，轻视个别教育；重视法制教育，轻视心理教育；重视传统说教，轻视现代传媒，等等。总之，戒毒民警应当树立整体性观念，将矫正教育、心理矫治、习艺劳动、康复训练综合起来，将教育方法、内容与资源综合起来，以有效提高矫正教育以及戒毒工作的水平。

学习任务7　面向社会原则

一、面向社会原则的含义

面向社会原则是指树立开放理念，充分调动社会资源，积极介入矫正教育工作的准则。

强制性、隔离性是强制隔离戒毒的突出特点。虽然戒毒人员是在相对封闭的戒毒场所内接受戒毒治疗，但不是将戒毒人员与正常的社会环境完全割裂。据此，在矫正教育实践中，戒毒场所应当打破隔离束缚，加强与社会的沟通与交流，充分利用社会资源，拓展新的矫正教育路径，不断提高矫正教育效果。

二、贯彻面向社会原则的基本要求

（一）落实面向社会原则的具体措施

落实面向社会原则主要体现在以下方面：其一，强制隔离戒毒场所主动与当地政府、企业、事业单位、商会行会、学校、教育机构、社会组织等签订联合帮教协议，共同做好戒毒人员及解除强制隔离戒毒后回归社会人员的教育帮扶工作；其二，邀请专家、学者、各类先进典型人员以及出所后保持操守、表现良好的戒毒人员到场所内做讲座，传播知识，分享经验，增强戒毒人员信心；其三，聘请社会工作者、志愿者与戒毒人员实现结对帮教，也为后续照管提供基础；其四，定期组织戒毒人员的亲属、朋友到所开展亲情帮教，特别是重要节日时，以发挥感化教育的作用；其五，设立场所开放日，邀请新闻媒体及社会公众到所参观，这样既能够宣传报道强制隔离戒毒工作，发挥禁毒宣传的作用，又能够提高社会公众对戒毒工作的认知度，进而提升其参与度。同时，对于积极参与戒毒工作并取得显著成绩的企业、事业单位、社会组织及个人应当及时给予表彰、奖励或政策优惠。这是鼓励社会力量广泛参与禁毒、戒毒工作的必要手段，也是持续贯彻面向社会原则的内在要求。

（二）落实面向社会原则的思想保障

为确保面向社会原则的有效执行，戒毒场所应当注意以下两个方面。

一方面，戒毒民警要转变理念。面向社会原则要求戒毒民警树立开放性思维，不能将矫正教育工作的视野局限在场所之中，不能简单地将矫正教育理解为场所内的各类教育活动，完全由戒毒人民警察承担，而应当打破"隔离"的壁垒，充分利用戒毒人员的家庭、社会工作者、志愿者以及国家机关、社会团体、社会组织等社会力量。例如，有的戒毒场所充分利用"自强社"社会工作者的力量，建立所社结合模式，在戒毒人员进入场所后，将戒毒人员信息分配给其居住地社工部门，社会工作者了解戒毒人员信息后，不定期进入戒毒场所开展帮教工作，也为后续社区康复工作奠定了基础。然而，现实中对戒毒场所底线安全的要求，严格落实"六无"的标准，束缚了部分管理者的思维，形成了戒毒场所越封闭越安全、社会因素介入戒毒场所越少越安全的偏差理念，应急需纠正。强制隔离戒毒中的"隔离"重点强调的是戒毒人员与毒品及吸毒环境的分开，而不是与社会联结的断裂。戒毒人员戒除毒瘾的过程，即再社会化的过程，需要加强戒毒人员与社会因素的联结，彻底的隔离、完全的封闭、绝对的孤立无疑会加剧再社会化的难度。

另一方面，戒毒场所要加强宣传引导与服务社会。戒毒场所在引入社会力量开展矫正教育工作的同时，也应当"走出去"，做好禁毒宣传、后续帮扶等工作，进而吸引社会力量积极参与，并能够巩固强制隔离戒毒工作的成果。《禁毒法》第3条指出，"禁毒是全社会的责任。国家机关、社会团体、企事业单位以及其他组织和公民，应当依照本法和有关法律的规定，履行禁毒职责或者义务"。强制隔离戒毒是禁毒的重要组成部分，不仅承载戒治戒毒人员的工作，还要做好禁毒宣传，指导社区戒毒、社区康复工作以及戒毒人员解除强制隔离戒毒后的帮扶工作。因此，戒毒场所应当定期开展戒毒宣传活动，主动指导社区戒毒与社区康复工作，后续照管解除强制隔离戒毒的社会成员，切实履行好禁毒职责及服务社会的任务。

学习任务8　科学创新原则

一、科学创新原则的含义

科学创新原则是指遵循戒毒工作的规律，积极探索矫正教育工作中的难题，推动矫正教育工作认识创新与实践创新的准则。

创新是一个民族进步的灵魂，是一个国家兴旺发达的不竭动力。强制隔离戒毒矫正教育工作要顺应禁毒形势、戒毒理念、戒毒人员的变化以及科技进步、网络发达的环境，与时俱进，不断创新教育内容、方式与方法，进一步提高矫正教育质量。

二、贯彻科学创新原则的基本要求

（一）创新教育内容，提高戒毒人员综合素质

部分戒毒场所教育理念相对滞后，没有正视戒毒人员是违法者、病人与受害者的三重角色，强调行为养成教育、法制教育等规训性教育，轻视心理健康教育、抗复吸训练等符合戒毒人员特点的教育项目。创新矫正教育内容要在规范入所教育、法律常识教育、思想道德教育、戒毒常识教育、心理健康教育等常规教育的基础上，深入拓展中国传统文化教育，这是坚持文化自信以及走中国特色戒毒道路的要求。挖掘优秀传统文化，例如经典读物《三字经》《弟子规》及传统运动项目太极操、五禽戏等相关内容，将其运用到戒毒人员矫正教育以及身体康复之中，也易于戒毒人员接受。同时，也要充分发挥环境育人的作用，将名言警句、立志信条、戒毒标语等，以条幅、展板、壁画等形式，张贴、雕刻、悬挂到戒毒人员矫正教育中心、心理矫治中心、生产劳动车间、生活区、寝室以及场所墙壁等，形成全方位、立体化、渗透性矫治氛围，潜移默化地影响戒毒人员，促进其自我反省、自我激励。此外，一些戒毒场所根据收治戒毒人员的特点，

也开设了创新性的教育内容，例如，上海市女子强制隔离戒毒所开设生理卫生教育、生命教育、亲情教育、恋爱婚姻教育、家庭关系修复教育等，矫正教育效果显著提升。

（二）创新教育方式，提高戒毒人员学习兴趣

戒毒民警的教育方式要突破传统"说教式""灌输性"教育，要充分利用互联网、人工智能技术等，积极开发多媒体、网络课堂、虚拟现实教学等，搭建戒毒人员教育系统平台，不拘一格地创新教育方式。例如，在借鉴社会网校教学经验的基础上，浙江省戒毒系统建设"戒毒人员在线教育网络学院"，全力打造"互联网＋矫正教育"升级版，搭建起了集在线教学、在线培训、在线测试、按需教学等服务内容在内的云平台。该系统能够记录戒毒人员的学习轨迹，关联考试、自动生成试卷、自动改卷、生成成绩报表，提高教学质量。同时，戒毒场所发挥所内教育资源，例如有专业特长的戒毒民警以及戒毒人员，积极引入社会教育资源，根据戒毒人员兴趣，开设不同类型的兴趣班，从而丰富其单调、枯燥的戒毒生活。

（三）创新教学方法，提高戒毒教育工作效率

在认真落实常规的课堂式集中教育、谈话式个别教育、开放式社会教育的基础上，戒毒民警要积极创新教学方法，综合运用演示法、实验法、讨论法、模拟法、竞赛法等，以提高戒毒人员矫正教育质量。例如，上海市女子强制隔离戒

毒所应用"情景剧"式教育方法，通过矫正教育工作者与戒毒人员模拟相关戒毒情景，扮演不同角色，增强了戒毒人员感性认知，提高了教育效果。部分戒毒场所运用现身说教法，邀请戒毒成功人士重返戒毒场所，与戒毒人员分享戒毒经验与感悟。相同的角色及经历能够引起戒毒人员的共鸣，榜样的示范效应也利于激励戒毒人员树立戒毒信心。另外，在课堂化教学模式上可以淡化"我讲你听，我写你记"的模式，在课堂中增强教学过程的互动性，提高戒毒人员的接受性，从而解决"愿意听"的问题。同时，在课堂化教学过程中可以借助投影仪、幻灯机等现代化的教学设备，强化教学过程的趣味性和科普性，从而解决"想要听"的问题。[①]总之，矫正教育中心要根据戒毒人员的文化程度及具体的教学内容，积极探索教育矫治方法，创新新型方法与手段，以提升戒毒人员教育的科学化水平。

【任务考核2-1】

戒毒人员邓某，24岁，性格孤僻，不喜交流，生活中比较孤立。父母在其小时候就已离婚，邓某从小跟随奶奶长大，缺少父母管教的他做什么事都由着自己的想法，属于大众眼中的"一根筋"，曾在读书期间多次把同学打伤住院，初中

---

① 贾东明、郭崧：《强制隔离戒毒人员教育体系的构建——与罪犯教育比对研究》，《健康教育与健康促进》，2017年第1期，第80—81页。

未毕业就被学校劝退回家,之后找了些事做,但又因与同事相处不好,多次离职,再后来就发展到通过偷东西来维持生活,并结交了"同道中人",在他们的教唆、引诱下染上毒品。在中队,邓某多次与他人产生矛盾,对于中队管教干警的谈话也置之不理,对批评教育也是左耳进右耳出,成了中队里的一名"刺头"。民警经过分析研判,对其采取了以下矫正措施。

第一,谈心谈话,搭建沟通桥。谈心谈话从三个方面同时展开:责任民警充分利用邓某空闲时间,加强谈心教育,了解掌握邓某思想动态,密切关注其日常行为习惯、思想变化、情绪变化;安排中队同戒人员与其多交流、多相处,一旦发现其有异常举动及思想情绪波动时及时向中队干警报告;带班领导下沉指导,并针对邓某出现的问题,有针对性地找邓某进行谈心谈话,了解邓某的问题所在,及时安抚邓某的情绪。邓某感受到领导的关心关爱和大家庭的温暖,渐渐地没有之前那么孤立,跟其谈话时也愿意说出自己内心的想法,表示会努力融入这个大家庭中来和大家和睦相处。

第二,法规教育,建立法治桥。"没有规矩,不成方圆。"针对邓某身份意识不强的情况,中队一方面加强对邓某的普法教育,提高邓某的法律意识,让邓某意识到遵守法律的重要性及触犯法律的后果,形成威慑力;一方面督促邓某熟知戒毒场所的管理制度,告知邓某违反相关规定的处罚措施,形成震慑力。通过学习法律法规和场所管理制度,邓某变得不再那么冲动暴躁，学会了遇事要三思而行，即使有时受到欺负也会选择克制自己的情绪，并及时向民警报告，不再会去以暴制暴。他表示，通过这一次强制隔离戒毒，相信自己出去后一定能做一个遵纪守法的公民。

第三，实地访问，构建亲情桥。为弥补邓某内心缺失的那份亲情，中队民警利用休息时间赴邓某居住地派出所了解核实其家庭情况，并根据掌握到的信息实地访问邓某的直系亲属。尽管第一次访问并不顺利，但一次不行，就去两次，两次不行就去三次，直到说服家属表态会去关心、关爱邓某，同意来所探访，弥补邓某内心极度渴望又缺失已久的那份爱。看到久未谋面的亲人，邓某内心的冰山开始融化。在家人的关爱帮助下，包裹在邓某身上的"坚刺"被一点点磨平，邓某戒治积极性大大提高，戒除毒瘾的信心更加坚定。

结合案例材料，谈一谈，在对戒毒人员进行矫正教育的过程中，我们应当遵循哪些原则？

【拓展思考】

（1）如何在工作实践中运用以人为本原则？
（2）如何在工作实践中运用因人施教原则？
（3）如何在工作实践中运用综合矫治原则？
（4）如何在工作实践中运用面向社会原则？
（5）如何在工作实践中运用科学创新原则？

项目三
强制隔离戒毒人员矫正教育的内容

【学习目标】

知识目标：掌握思想教育、文化教育、职业技术教育、心理健康教育的概念、内容和方法。

能力目标：具备组织实施思想教育、文化教育、职业技术教育和心理健康教育的能力。

素质目标：具备法治与德治相结合的理念，具备忠诚、敬业、奉献、服务的职业道德。

【案例导入】

康某，1998年8月生，2022年7月因吸食冰毒被公安局决定强制隔离戒毒两年。2022年8月，康某被送往强制隔离戒毒所进行戒治。康某入所后，表现一般，参与各项矫正活动不积极，从消极戒治到对抗民警管理的次数增多，逐渐由一名较正常的戒毒人员变成一名问题戒毒人员。经了解，康某为家中独子，家庭条件较好，父母对其较为溺爱，形成我行我素性格，对家人颐指气使；读书至初中毕业后便辍学在家，整天无所事事，后与朋友一起混社会，沾染上许多不良社会习气；生活中靠在赌场抽成、收"保护费"为生，法纪意识较为淡薄，好逸恶劳，信奉"享乐主义"，价值观扭曲；因吸毒的行为，自己患上肺结核，自述经常肺部疼痛，以此为由拒绝参与戒治；文化水平不高，且为首次强戒，对是非善恶的分辨能力较低，听信一些"多进宫"戒毒人员消极戒治的话，对民警耐心的教育却置若罔闻。针对戒毒人员康某的情况，大队民警综合施策，决定重点对其进行法制、道德和文化教育，提升其道德和文化水平，培养遵纪守法意识，端正其价值观。[①]

学习任务 9　思想教育

一、思想教育的概念及意义

（一）思想教育的概念

思想教育是强制隔离戒毒矫正教育内容的核心。戒毒人员的思想教育是指强制隔离戒毒机构在对戒毒人员进行戒治的过程中，以矫正人为根本目的，把一定的社会思想意识、法律意识、道德规范转化为戒毒人员个体思想意识和道德品行的有目的、有计划、系统的教育影响活动。

《司法行政机关强制隔离戒毒工作规定》第 46 条规定："强制隔离戒毒所应当采取课堂教学方式，对戒毒人员集中进行卫生、法制、道德和形势政策等教育。"

---

① 材料源自中国法律服务网"司法行政（法律服务）案例库"。

（二）思想教育的意义

1. 思想教育可以从根本上改变诱发违法的主观恶性

事物的内部矛盾（内因）是事物自身运动的源泉和动力，是事物发展的根本原因。外部矛盾（外因）是事物发展、变化的第二位的原因。内因是变化的根据，外因是变化的条件，外因通过内因而起作用。戒毒人员吸毒的主客观原因是多方面的，但根本上说是由于其头脑中形成了消极的思想意识，即违法的主观恶性，并在此影响下支配自己行为的结果。戒毒所对戒毒人员开展思想教育，就是要将健康的思想政治观念、法律道德规范等灌输到戒毒人员的头脑中去，从根本上改变其消极的思想意识，并使其变被动矫正为主动矫正，逐渐形成积极稳固的思想意识，自觉抵制外部违法诱因。

2. 思想教育有助于端正戒毒人员接受矫正的态度

戒毒人员的态度是否端正，直接影响矫正工作的效果。思想教育，使戒毒人员能够认清自身吸毒行为的危害，正确认识法律的目的，了解相关的法律规定，培养正确的道德观念和道德评判标准，从而端正矫正态度，树立正确的矫正观念。只有端正了矫正态度，戒毒人员才能自觉主动参加各项矫正活动，遵守所规所纪，服从监督管理。而矫正态度的端正，是建立在思想教育的基础之上的。

3. 思想教育能够保证矫正工作顺利开展

思想教育是矫正教育工作的核心，是主导各项矫正工作的根本性教育活动。戒毒人员的思想教育为戒毒人员的文化教育、职业技术教育、心理健康教育提供理论和原则的指导，使各项矫正教育活动能够始终围绕思想教育这一核心进行。思想教育始终贯穿于各项具体的教育活动过程，它要求在组织戒毒人员文化教育、职业技术教育和心理健康教育的同时，要注重将思想教育渗透到上述教育内容之中，以思想教育引领矫正教育的各项内容，发挥思想教育在矫正教育工作中的主导作用。正是思想教育的这种主导作用，保证了文化教育、职业技术教育和心理健康教育的顺利开展。

4. 思想教育为矫正教育其他工作提供保障

思想教育不仅是矫正教育的核心，发挥着重要的作用，在矫正机构的其他工作中，思想教育也起到了促进和保障的作用。思想教育不仅在矫正教育中发挥作用，在戒毒所日常管理工作中，思想教育也可以促使戒毒人员遵守所规所纪、服从管理、自觉维护戒毒所秩序。思想教育可以引导戒毒人员服从管理，约束自己的行为。在生产劳动的过程中，思想教育有助于戒毒人员端正劳动态度，保证生产劳动的顺利进行。

二、思想教育的内容

（一）认错悔错教育

认错悔错教育是一切矫正教育活动的出发点。戒毒人员只有在认错悔错的基础上，才能服从管理、接受教育，才能实现矫正的目的。认错悔错是忏悔自新的前提和基础，忏悔自新是认错悔错的进一步深化。

1. 承认违法事实

所谓承认违法事实，就是承认有关国家机关依法认定的违法事实。在实践中，不少戒毒人员在此问题上认识模糊，他们不认为吸毒是违法行为。戒毒所要针对每个戒毒人员的吸毒情况和思想状况，结合刑事法律和行政法规的相关规定讲解清楚，促使戒毒人员承认有关国家机关认定的违法事实，为其矫正教育奠定基础。

2. 分析吸毒原因

在承认违法事实的基础上，还要帮助戒毒人员认识吸毒的原因，分析其吸毒的思想根源。在实践中，有些戒毒人员在分析吸毒原因时，认为自己之所以吸毒并非主观原因，而是受到外部环境的影响，不能从自己主观方面正确分析吸毒的原因。如果戒毒人员不能正确认识吸毒的原因，就不可能有效预防其复吸。因此，要使戒毒人员不再吸毒，就必须帮助其正确分析吸毒的原因，使其认识到主观因素才是违法行为的决定性因素。只有这样，才可能破除其头脑中的种种错误观念，帮助其认清吸毒的真正原因。

3. 认识吸毒的危害

相当数量的戒毒人员往往对吸毒的危害认识不足。通过教育，可以让戒毒人员充分认识吸毒给人类带来的危害。吸毒首先就会摧残人的身体，破坏人体的神经系统、呼吸系统消化系统、免疫系统等,使人身体抵抗力下降,感染各种疾病,甚至导致死亡。其次,吸毒会扭曲人格,自毁前程。吸毒者发作时大都会不顾廉耻,丧失自尊,无法进行正常的生活和学习。他们普遍丧失正常的人生观、价值观,人格扭曲,难以自拔。即使是很有才华的人,一旦吸毒,就等于掉进死神和魔鬼的陷阱,都不可避免走向堕落和深渊,从而毁掉自己的生活的前途。吸毒对家庭、社会的影响也是巨大的,家庭中一旦出现了吸毒者,家便不成其为家了,吸毒者在自我毁灭的同时,也破害了自己的家庭,使家庭陷入经济破产,亲属离散,甚至家破人亡的困境。同时,毒品活动也会扰乱社会治安,破坏社会生产力,造成社会财富的巨大损失和浪费,从而使环境恶化,也缩小了人类的生存空间。只有让戒毒人员感到触目惊心,才能提高认错悔错的程度,使其心悦诚服地接受矫正教育。

4. 正确看待行政强制措施

认错悔错,不仅要求做到"口服",更重要的是要保证"心服",要让戒毒人员从行为认定和处理措施两个方面都有正确认识,真正接受行政强制措施。同时,通过认错悔错教育,使戒毒人员认识到申诉权的行使与接受矫正之间并不是矛盾对立的关系,其依法提起申诉并不能停止行政强制措施的执行,更不是逃避学习和劳动的借口。

（二）法律常识教育

法律制度几乎涵盖了人类社会生活的一切领域，其内容涉及方方面面。在对戒毒人员开展法律常识教育时，应当根据其实际情况，有针对性地选择一些最基本的内容开展相关的矫正教育活动。当前，法律常识教育主要围绕以下一些基本内容展开：

1. 法的基本知识教育

法的基本知识教育，主要是向戒毒人员阐明法的起源、本质、特征、功能和人类社会发展过程中法的历史类型及其各自的特征。特别是我国社会主义法的本质、作用、现行法律部门以及我国社会主义法制的基本要求。通过上述内容的教育，戒毒人员对法有比较全面而深刻的了解，为树立法制观念打下基础。在法的基本知识教育中，要重点突出法的基本特征教育：一是法的阶级性。通过讲解法的产生和历史上各种类型的法的本质，阐明社会主义法的合理性、正义性和进步性。二是法的强制性。法的实施是由国家强制力予以保障的，法律秩序是由国家机器来维护的，法律一经制定，任何人必须遵守，任何触犯法律的行为都将受到国家专政工具的制裁，这就体现了法的强制性。通过强调法的强制性，戒毒人员可以了解法的强制性的具体表现形式以及违法犯罪行为的法律后果。[①]三是法的权威性。违法犯罪行为是破坏法律秩序，挑战法律权威的行为，必须要对戒毒人员进行法律权威性教育，使戒毒人员了解法律是神圣不可侵犯的，从而产生对法律的敬畏，甚至信仰，自觉约束自己的行为。

2. 现行主要法律法规教育

现行主要法律法规教育需要与戒毒人员的生活紧密结合，例如，开展宪法、刑法、刑事诉讼法、民法典、民事诉讼法、治安管理处罚法等方面的教育，懂得利用法律维护合法权益，逐步树立法制观念，在社会生活中形成自觉遵纪守法的意识。例如，2020年5月28日，十三届全国人大三次会议表决通过了《中华人民共和国民法典》，2021年1月1日起施行。《民法典》被称为"社会生活的百科全书"，是新中国第一部以法典命名的法律，与每位社会成员的日常生活息息相关，也与戒毒人员的婚姻、继承、担保、合同、债权、债务等紧密相联。戒毒矫正机构通过各种形式，组织强制隔离戒毒人员学习《民法典》，可以提高他们保护自身生命健康、人格尊严、财产安全等方面的知识与意识，筑牢戒毒人员的法治防线。

3. 矫正教育相关法律法规教育

矫正教育相关法律法规也是法制教育的重要内容之一。其主要包括《禁毒法》《戒毒条例》以及《司法行政机关强制隔离戒毒工作规定》《强制隔离戒毒人员教育矫治纲要》《强

---

① 王雪峰主编：《罪犯教育学》，法律出版社，2019年，第114页。

制隔离戒毒人员守则》等戒毒工作和教育矫正戒毒人员的法律法规。通过对矫正教育工作相关法律法规的学习，可以使戒毒人员了解以上法律法规主要内容，对教育矫正工作的性质、目的、内容、法律效力以及接受矫正期间的权利义务有一个科学全面的认识，使之掌握在接受矫正期间应当遵守的行为规范并促使其自觉按照规范的要求严格贯彻落实。

（三）道德教育

道德从本质上和法律一样同属于社会规范的表现形式，都是用来规范社会关系的。社会生活的一切领域都是在道德规范的调整范围之内，道德所涉及的内容是极为广泛的。根据《新时代公民道德建设实施纲要》《强制隔离戒毒人员教育矫治纲要》的相关精神，结合戒毒矫正机构道德教育工作的实践经验，对戒毒人员开展的道德教育，主要从以下五个方面入手。

1. 道德基础知识教育

通过讲解道德的产生、发展和变化，使矫正教育对象对道德有比较全面的了解，明确什么是道德及其本质特征，以及社会主义道德的本质、特点和作用。让戒毒人员知道，道德是必须遵守的共同生活准则，是立身处世、做人做事最基本的行为规范。从而为矫正恶习，树立社会主义道德观念打下基础。

2. 集体主义教育

新时代公民道德建设以为人民服务为核心，以集体主义为原则。多数戒毒人员有着较强的极端利己主义价值观。因此，对戒毒人员进行价值观教育的重点是集体主义教育。要让戒毒人员明确，步入中国特色社会主义新时代仍需大力提倡集体主义，要正确处理个人与集体、与社会、与国家的关系，要下功夫转变头脑中存在的各种与集体主义相悖的价值取向。戒毒人员之所以走上违法道路，往往是因为只顾自己不顾别人，甚至把自己的幸福建立在别人的痛苦之上；只愿享受而不愿为社会尽职尽责，甚至为贪图享受而采用违法手段攫取不正当利益。因此，要帮助戒毒人员树立集体主义价值观，使其学会把个人价值和社会价值结合起来考虑处理问题，在为他人、为集体、为社会、为国家的奉献中实现和体现自身的价值。

3. 爱国主义教育

爱国主义是中华民族的民族心、民族魂，是中华民族最重要的精神财富，是维护民族独立和民族尊严的强大精神动力。在我国，爱国主义历来是一面具有最大号召力的旗帜，是中华民族的优良传统。爱国主义教育是培养受教育者爱国精神的思想教育，是道德教育的重要内容。中共中央、国务院印发的《新时代爱国主义教育实施纲要》指出，"加强爱国主义教育，对于振奋民族精神、凝聚全民族力量，决胜全面建成小康社会，夺取新时代中国特色社会主义伟大胜利，实现中华民族伟大复兴的中国梦，具有重大而深远的意义"。戒毒人员作为中华人民共和国公民，终将回归社会融入社会，自然也应当接受这一基本的道德教育。爱国主义教育使戒毒人员了解我国悠久历史文化，了解中华民族对世界所作出过的不朽贡献，了解社会主义建设的光荣历程和伟大成就，培养其民族自尊心、自豪感，激发其积极矫正的热情，强化其接受教育矫正的自觉性。

4. 中华传统美德教育

中华民族有着悠久的历史沉淀，素有礼仪之邦的美称。千百年来，代代相传，形成了以"仁、义、礼、智、信"为核心内容的传统道德规范。这些民族传统美德，至今仍然具有强大的生命力，发挥着重要的作用。中华民族传统美德内容丰富，博大精深，对戒毒人员所开展的教育，可以从以下三个方面入手。

（1）感恩教育。在中华优秀传统文化中，感恩思想一直占据重要地位。儒家讲求的"忠、孝、节、义"等思想引发出来感恩意识，并以此作为"人性"的根本、秩序的来源和社会的基础。古人有云："投之以桃，报之以李""滴水之思，当涌泉相报"，很好地阐述了感恩教育的内涵。感恩是中华民族的传统美德，能够感恩的人，首先就是一个能够正确认识自己与他人以及与社会之间关系的人，同时也必定是一个具有责任意识的人。很多戒毒人员恰恰就是不能正确认识自己与他人以及社会之间的关系的人，是缺乏社会责任感的人。因此，感恩教育具有很强的针对性。培养戒毒人员的感恩意识，要从对父母感恩做起，做到对父母的养育感恩、对家人的关爱感恩、对师长的培养感恩、对别人的帮助感恩，并以此为基础，唤起戒毒人员内心的良知，逐步培养其社会责任感，以促进其思想的转变。

（2）诚信教育。诚信实际上是一个人对自己言行负责任的伦理规范，其基本内涵包括"诚"与"信"两个方面。"诚"主要讲忠诚老实，诚恳待人；"信"主要讲取信于人，信任他人。为人讲诚信，是人的基本道德要求，也是中国传统的美德。"童叟无欺""民无信不立"为中华民族世代口碑相传，诚信是中国传统伦理道德思想的基石，诚信是天地之道，为人之本。违法行为则在很大程度上破坏了人与人之间的相互信任，毁坏了社会诚信体系。因此，必须对戒毒人员开展诚信教育。

（3）礼仪教育。礼仪能够充分反映一个人的思想修养和文明水准，在社会生活和社会交往中发挥着重要的作用。礼仪教育不是一般的礼貌教育，而是一种道德修养，一种健全人格的教育。早在春秋时期孔子就说过："不学礼，无以立。"礼仪教育对人的行为影响巨大，是社会主义道德建设的重要组成部分。礼仪教育的内容涵盖社会生活的各个方面。从内容上看，有仪容、举止、表情、服饰、谈吐、待人接物等；从场合上看，有个人生活礼仪、公共场所礼仪等。通过礼仪教育，可以培养戒毒人员尊重他人、自律的健康思想素质，养成良好的行为习惯。

5.社会公德教育

《新时代爱国主义教育实施纲要》强调，要把社会公德建设作为着力点之一。社会公德主要包括文明礼貌、助人为乐、爱护公物、保护环境、遵纪守法等。公德是指与国家、组织、集体、民族、社会等有关的道德。社会公德是社会道德体系的社会层面，是维护社会公共生活正常进行的最基本的道德要求。违法行为是反社会的行为，违法行为的实施者大多社会公德意识淡薄，为人自私狭隘，缺乏对他人的尊重，行事多从一己私利出发，很少顾及他人。社会公德观念的缺失在很大程度上会使人的自我约束、自我控制能力下降，漠视社会规则，无视社会秩序，久而久之会形成不良的行为习惯，从而引发违法行为。因此，必须大力加强对戒毒人员的社会公德教育，使之形成公德意识，学会尊重他人，遵守社会生活所必须遵守的秩序，自觉维护社会共同生活的规范。

（四）形势政策前途教育

形势政策教育是指为了让戒毒人员了解国内社会发展状况和趋势，以及党和国家制定的基本路线和方略而进行的教育。

1. 形势教育

形势教育主要包括国家政治、经济、社会、文化等方面发展的状况及趋势的教育。通过形势教育，让戒毒人员充分了解国家发展的大好形势，强化民族自豪感，提高国家认同感，同时，也认识到国家发展对其重新融入社会带来的良好机遇，不断激发其成为新时代守法公民的主动性与积极性。戒毒矫正机构可以以党史、国史、改革开放史、社会主义发展史等为主题,讲好中国故事,讲述改革开放以来在中国共产党的领导下经济、社会、科技、军事、民生等方面取得的巨大成绩,讲明每个公民在国家发展和社会进步中的责任,以培养戒毒人员的爱国意识,增强戒毒人员的社会服务意识。戒毒矫正机构也可以根据形势发展,结合党和国家的重要活动,与时俱进地开展形势教育。例如,组织戒毒人员学习"党的二十大"重要报告,教育戒毒人员了解过去五年的工作和新时代十年的伟大变革,中国共产党开辟马克思主义中国化时代化新境界,新时代新征程中国共产党的使命任务以及党和国家在经济、科教、民主、法治、文化、民生、绿色发展、安全等方面发展趋势与努力方向,进一步激发他们积极改造,积极参与中国式现代化建设的热情。

2.政策教育

政策教育主要进行以党和国家的大政方针政策、刑事政策、强制隔离戒毒工作政策为主要内容的教育活动。通过系统的政策教育,戒毒人员可以正确认识社会,认识戒毒矫正机构,认识强制隔离戒毒工作,进一步分清是非,认准前途,从而选择正确的人生道路。主要包括:了解党和国家全局性、根本性政策,坚持党的"一个中心,两个基本点"的基本路线;了解国家的工农业政策、就业政策、教育政策、人口政策等各项具体政策;了解强制隔离戒毒工作政策以及戒毒人员解除强制隔离戒毒后的有关政策。

3. 前途教育

前途教育是指为了让戒毒人员恰当地认识社会和个人的未来发展而进行的教育。前途教育是一项很有意义的观念教育。前途教育的目的是帮助戒毒人员消除悲观失望、前途黯淡等错误观念，在认错、悔错的前提下，增强生活的勇气和信心。戒毒人员是否树立正确的前途观，直接影响其矫正态度和行为表现。因此，戒毒民警应当通过前途教育来帮助戒毒人员并为其指明方向。

（五）戒毒知识教育

戒毒知识教育主要是让戒毒人员了解毒品的界定、毒品的类型、传统毒品与新型毒品特性等毒品的常识，充分认识毒品的危害，从而提高拒毒防毒意识，强化戒毒人员的主观戒毒愿望，实现从"要我戒"到"我要戒"。戒毒知识教育可以通过以下方式开展：一是要开展戒毒知识宣传，如利用戒毒宣传片、戒毒漫画、戒毒图片等，教育戒毒人员学法守法、珍爱生命、远离毒品。二是开展戒毒知识讲座。邀请戒毒专家、学者、社会戒毒志愿者，宣讲禁毒、吸毒、戒毒的相关知识。三是开展互动的戒毒警示教育。通过现身说法、参加"国际禁毒日"、举办戒毒文艺演出、"走进戒毒所"等活动，使戒毒人员在与社会的接触中，进一步了解毒品对社会、家庭、个人的危害，更加深刻地认识到毒品对身体和精神的摧残。

三、思想教育的方法

（一）课堂教育

戒毒所可以通过课堂化教育形式，对戒毒人员实施较系统的思想教育，有计划、有步骤地对戒毒人员讲授法律知识、道德知识、形势政策知识、戒毒知识等。在戒毒人员听清弄懂，法制意识、道德意识增强的基础上，结合戒毒人员矫正教育实践，组织戒毒人员进行讨论，谈认识、讲体会、提问题、表态度等，并可根据戒毒人员所提出的各种问题及不同思想认识，进行有针对性的辅导教育。

（二）个别教育

在思想教育中，个别教育要贯穿于整个教育始终。教育中要坚持正面启发引导，对其错误的思想观点据理驳反，对其反教育矫正的行为据理揭露和批判。同时要讲究谈话教育的艺术，注意斗争策略，搞好政策攻心。在教育过程中既要坚定信心，又要有耐心和毅力，不要怕戒毒人员思想认识上的反复，要集中全力找出其不认错的根源所在，对症下药，有的放矢。

（三）广泛开展形式多样、健康有益的辅助性教育

戒毒所除了进行正规化、课堂化的教育外，还应采用各种有益的辅助教育手段，广泛开展法制、道德、形势政策、

戒毒常识教育等。例如，放映有关法制教育的电影、电视，举办法制教育展览；在戒毒人员中开展精神文明标兵活动，开展向昨天告别奔向新岸的活动，开展读书看报活动；举办戒毒文艺演出和戒毒知识讲座等。

学习任务10　文化教育

一、文化教育的概念及意义

（一）文化教育的概念

文化教育，是指强制隔离戒毒所有计划、有组织、有目的地对戒毒人员开展较为系统的文化科学知识教育活动。文化教育的目的在于提高戒毒人员文化水平，提升其综合素质。

《强制隔离戒毒人员教育矫治纲要》中有关文化素质教育的章节明确指出：强制隔离戒毒机构要"举办文学、历史、音乐、书法、绘画、科技知识等讲座，以优秀传统文化和现代文化提高戒毒人员文化素养，激发生活热情，树立健康生活态度。鼓励戒毒人员参加电大、函授、高等教育自学考试"。

（二）文化教育的意义

1. 文化教育是开展思想教育的重要条件

对戒毒人员进行矫正的关键是针对性的思想教育，但戒毒人员由于缺乏一定的文化知识，导致难以对其进行思想教育。因为在对戒毒人员进行思想教育时，除了组织他们上课听讲之外，还要求他们阅读一些必须了解的法律法规、文字材料和参考书籍，并要求他们经常地写出学习心得和思想汇报等书面材料，而所有这一切都需要有一定的文化基础。只有对戒毒人员开展文化教育，提高其认识问题的水平，才能提高他们接受思想教育的能力，从而达到使其知错改错、接受教育的目的。因此，对戒毒人员开展的文化教育是对其展开思想教育的重要前提条件。

2. 文化教育是进行职业技术教育的重要基础

我国《禁毒法》规定对戒毒人员要进行职业技术教育。职业技术教育是把戒毒人员教育成为掌握一技之长，能够自食其力的新型劳动者的有效途径。然而，职业技术教育是以一定的文化知识为基础的，如果没有相应的文化知识，就不可能很好地掌握相应的职业技术。要使戒毒人员习得有用的技能，文化知识便是其不可缺少的必修课程。对戒毒人员进行职业技术教育，必须以文化教育为基础，只有当他们具备相应的文化知识，才能学好一定的职业技能。因此，文化教育实际上是对戒毒人员进行职业技术教育的重要基础。

3. 文化教育是提高精神文明水平的重要途径

文化知识与人的精神文明有着极为密切的关系。人们正是从文化知识的信息流中，吸取精神营养，认识历史和现实，不断提高自己的精神文明水平，改造自我，改造世界。从我国吸毒人员的基本情况来看，文化知识的匮乏、文明精神的欠缺是他们走上吸毒道路的一大原因。由于缺乏文化知识，他们的认知水平低下，鉴别能力差，不能掌握判断是非的正确标准；由于缺乏文明精神，他们精神空虚，消极颓废，价值取向逆向社会；由于缺乏文化素养，他们由无知而愚昧，由愚昧而野蛮，与文明相对立。因此，要矫正他们就不能不从文化素养入手。通过文化教育，矫正他们的知识结构和思想道德观念，提高他们明辨是非和抵制各种错误思潮及剥削阶级腐朽思想观念的能力，帮助他们确立科学的、健康的、文明的生活方式，努力提高其精神文明水平。

二、文化教育的内容

（一）普及文化知识教育

戒毒人员的文化有高低，开展文化知识教育应根据相关的规定和要求，根据戒毒人员原有文化程度，以及戒毒所实际情况，因地制宜。对于未成年戒毒人员，应安排他们学习与国家义务教育相一致的语文、数学、理化、史地等课程；对于成年戒毒人员，可鼓励他们以补课教育即缺什么补什么和学历教育等形式参加高等教育或函授自考的学习。

（二）优秀传统文化教育

传统文化是指某一国家、地区或民族千百年来形成的所有物质文明和精神文明的总和。中华民族在其特殊的自然环境、经济模式、政治结构、意识形态等条件的作用下所形成的文化习惯和文化积淀就是中国传统文化。其主要包括思想观念、思维方式、价值取向、道德取向、道德情操、生活方式、礼仪制度、风俗习惯、宗教信仰、文学艺术、教育科技等诸多层面的内容。自先秦以来，流传下来的经典不胜枚举。不仅有孔孟老庄，还有精深的两汉文化、魏晋玄学、隋唐佛学、宋明理学等。[①]

传统文化是我们民族智慧的结晶，也是民族精神的体现。要运用传统文化中的仁爱孝悌、谦和好礼、诚信知源、精忠爱国、克己奉公、修己慎独、见利思义、勤俭廉政、笃实宽厚、勇毅力行等优秀思想塑造戒毒人员的人格，促使他们结合个人实际，洗涤心灵的污垢，成为学孝悌、懂感恩，明礼诚信，人格健全完善的合格社会成员。

（三）科学常识教育

科学寓于生活，生活中的种种现象都印证了已知的科学知识，也包含着未知的科学道理。学习科学知识，让人们的头脑更灵活，让人们的思想更深邃，让人们的未来更辉煌。可以采用通俗易懂、生动有趣的方式为戒毒人员介绍奇妙有趣的物理、化学、环保、能源、人体、宇宙等方面的科学知识。

---

① 杨淑子：《人文教育——现代大学之基》，《南京农业大学学报》，2001年第1期。

通过科学常识的学习，使戒毒人员了解自然科学的知识及实际应用，培养他们的科学观念、实验技能，使其具有科学态度，掌握科学方法。

三、文化教育的方法

（一）课堂讲授

课堂讲授是戒毒人员文化教育活动中的基本方法。教学工作者和教育工作者，应当明确课堂讲授的基本要求，重视课堂讲授，切实提高教学效率和教学质量。备课是上课前的准备工作，是讲好课的前提和保证。备课的内容和要求主要是：吃透教材，针对教学对象的情况，确定恰当的教学方法与教学步骤。只有把教材吃透，把对象吃透，才能确定恰当的教学方法和教学步骤，才能收到好的教学效果。

上课是整个教学工作的中心环节。要上好一堂课，达到讲课认真、目的明确、内容正确、方法恰当、逻辑严密、形象生动的要求，必须做到：一是明确每堂课的目的和任务，精心选择和组织教学内容，正确贯彻教学原则，灵活运用教学方法，严密组织教学过程；二是讲授内容要准确、透彻、清楚，通俗易懂；三是讲究语言艺术，教态自然，举止端庄，精神饱满；四是板书工整，布局合理，内容简明，重点突出；五是联系实际，讲练结合，因材施教，耐心启发；六是教学环节完整，内容适中，时间安排合理；七是要善于洞察戒毒人员的心理活动，巧妙运用语言和非语言手段使戒毒人员集中学习注意力，以收到良好的课堂教学效果；八是要注意运用综合活动课、研究性学习等教学方式，培养创新意识，提高教学效果。

（二）开展课外文化活动

课外文化活动是正式教学的必要补充，也是全面发展教育的重要组成部分。组织戒毒人员开展课外文化活动，是使他们在实践中运用、巩固和补充课内所学知识的有效途径。课外活动要力求丰富多彩、生动活泼，要加强吸引力，使受教育者在热烈、愉快、轻松的气氛中增长知识、陶冶情操。就强制隔离戒毒人员矫正教育来说，可以开展的课外活动内容也是很多的。例如：开展读书活动；举办诗歌朗诵会、故事会、歌咏比赛、绘画展览、书法展览；组织各种文化讲座、报告会，组织参观文化古迹；进行智力竞赛、技巧比赛、文艺演出；等等。

学习任务 11　职业技术教育

一、职业技术教育的概念及意义

（一）职业技术教育的概念

职业技术教育是指为了使戒毒人员矫正恶习，养成劳动习惯，学会生产技能，根据就业需要组织戒毒人员开展的劳动常识教育和职业技能培训，为其顺利回归社会创造条件。其核心价值是使戒毒人员重返社会后顺利实现就业谋生，促使其完成从"越轨人员"到"合格社会成员"的顺利转变，最终达到防止复吸的目的。

《强制隔离戒毒人员教育矫治纲要》规定，要组织戒毒人员进行生产劳动，充分发挥劳动的教育矫治功能，帮助戒毒人员树立正确的劳动态度，改变好逸恶劳的思想和习惯。开展职业技能培训，使戒毒人员掌握一定的职业技能。《司法行政强制隔离戒毒所强制隔离戒毒人员行为规范》也有关于"认真参加职业技能培训和职业技能鉴定"的相关规定。

（二）职业技术教育的意义

1. 开展职业技术教育是对戒毒人员人文关怀的体现

对戒毒人员开展职业技术教育，能使其深刻体会到党和国家对他们确实不是单纯的惩罚，更不是抛弃，而是要把他们矫正成为自食其力的守法公民和社会主义现代化建设的有用之材，是为他们解除强制隔离戒毒后的前途着想，从而激发其矫正的积极性。同时，戒毒人员掌握了一技之长，也有助于他们认识自己的价值，使之看到希望，增强重新做人的信心。

2. 开展职业技术教育是戒毒人员回归社会的保障

戒毒人员能否妥善安置就业，是影响戒毒人员复吸率高低的重要因素。由于年龄偏大、文化水平较低以及社会传统势力的偏见，戒毒人员中相当一部分都遭遇就业难的现实困境。在这种形势下，戒毒人员如无一技之长，在回归社会之后就很难谋求一个合适的职业，其生存的处境也就相当艰难。通过职业技术教育，使戒毒人员掌握一定的生产技能，就能够为他们创造劳动就业的条件，提高其回归社会后的生存竞争能力。这是提高戒毒人员矫正质量、巩固矫正成果、维护社会稳定、保障国家和社会建设得以顺利进行的一项必不可少的重要措施。

3. 开展职业技术教育是矫正教育规范化管理的要求

从某种意义上说，对戒毒人员开展职业技术教育体现了规范化管理的必然要求。依法依规严格管理是规范化的重要前提和保障。在强制隔离戒毒系统，一般强调以《禁毒法》《戒毒条例》等法律法规为依据，以司法部《加强强制隔离戒毒工作的指导意见》《强制隔离戒毒人员教育矫治纲要》《强制隔离戒毒所建设标准》等规章为基准，结合场所工作实际，制定够用、管用、实用的制度保障体系，做到有章可循、保障有力、规范到位。例如，上海市戒毒系统在"四区五中心一延伸"体系基础上，提出"4+1+1+1"周教育戒治模式。所谓四区，即生理脱毒区、教育适应区、康复巩固区、回归指导区；五中心，即戒毒医疗中心、教育矫正中心、心理矫治中心、康复训练中心、诊断评估中心；一延伸，即帮扶衔接。"4+1+1+1"的含义是四天习艺劳动、一天教育矫治、一天康复训练、一天休息娱乐。通过在统一戒毒模式基础上开展的体系化探索，上海戒毒系统能确保各项工作始终在基本模式的主框架下有序运行，注重固化标准、规范流程，推动实现环节、要素"协调联动、同频共振、集成高效"。[1]在这样的背景下，我们可以把职业技术教育理解为对戒毒人员规范化管理的一个重要方面。

二、职业技术教育的内容

（一）适应戒毒所生产的岗位技术培训

戒毒所的习艺劳动是矫正戒毒人员的必要形式，是其适应社会的需要，也是职业技术教育的需要。习艺劳动是戒毒人员职业技术教育的第二课堂，也是很好的实习工厂，戒毒人员在那里可以将学到的基础知识和技能运用到实际操作中，完成技术操作的训练和熟悉过程，并在实际生产劳动中得以巩固和提高。

戒毒所内的职业技术教育与社会上的职业技术教育有所不同。社会上的职业技术教育主要是使受教育者掌握一门社会所需的专门知识和技术，为社会培养合格的专门人才。而戒毒所岗位技术培训，则首先要根据戒毒人员思想矫正的需

---

[1] 王东晟、吕朝辉、祖帅旗：《统一戒毒模式下教育戒治工作新探索——以上海市戒毒局"4+1+1+1"周教育戒治模式为例》，《犯罪与改造研究》，2020年第3期。

要和戒毒所生产的需要安排教育内容。因此，岗位技术培训内容的选择，应根据我国科学技术和生产发展实际情况，根据戒毒所生产的现有情况以及戒毒人员的实际情况和岗位技术培训的内容要求，来确定戒毒人员岗位技术培训的内容。实施岗位技术培训的一个重要方面，就是应注意教育的内容与戒毒人员从事的工种紧密结合。

具体来说，戒毒所岗位技术基本知识，包括劳动车间的概况、各生产项目的产品、工艺流程和特点等。重点要强调安全第一，明确车间事故多发部位和原因，分析常见事故和典型事故。多重激励、树立典型，表彰技能突出的戒毒人员。合理安排、保证课时，坚决履行每周一次安全生产教育的规定。提供选择、选好项目，结合市场需求和戒毒人员的身体情况做好劳动能力的培训。[1]

（二）适应社会就业需要的职业技能培训

随着就业政策和劳动制度的改革，当前，解除强制隔离戒毒的戒毒人员回归社会后，已由原来主要依靠政府安置就业转变为通过劳动力市场双向选择或自谋出路的就业方式。解除强制隔离戒毒的戒毒人员由于缺乏职业技能，相当一部分处于就业难的境地。因此，在结合戒毒所生产开展岗位技术培训的同时，应当抓好解除强制隔离戒毒后就业需要的职

---

[1] 刘英耀：《戒毒场所习艺劳动教育创新的实践与反思》，《广西警察学院学报》，2017年第6期。

业技能教育。

职业技能教育内容的选择应做到：首先，要从戒毒人员解除强制隔离戒毒后回城镇或回农村的具体需要出发，实施与他们所处生活环境相适应的职业技能培训；其次，要根据城乡经济发展和个人就业的需要，选择社会迫切需要的短线或缺门专业，进行职业培训。

（三）职业指导教育

1. 择业观教育

所谓择业观，是指人们对选择职业问题的根本看法和所持的态度。如何树立正确的择业观是现代每个人都会遇到的新问题。对于戒毒人员来说，这更是一个需要面对的，亟待解决的问题。因此，择业观教育显得尤其重要。择业观教育需要戒毒民警帮助戒毒人员解决两方面的问题：一是了解经济社会发展现状。尽管戒毒人员回归后就业会面临很大的困难，但也要看到，随着改革不断深入，社会上新兴的产业不断兴起，也为他们就业提供了机遇。因此，开展教育时要启发他们抓住时机，创造条件，增强信心，这是择业教育的重要任务。二是了解自己。从个人的实际情况出发，根据自己的学识、专业技术、能力和素质等实际情况来选择职业。不能好高骛远，想入非非，脱离自己的实际条件择业。不能怕苦、怕累、怕丢人而有业不就。也不能看不起自己，觉得自己什么都做不成，没有信心，自暴自弃。因此，在择业问题上，要鼓励戒毒人员树立自强自立精神，不断提高自身的素质，依靠自己的努力重新创业，创造美好的未来。

2. 职业道德教育

首先，职业道德教育课应以正确的人生价值教育为主线，围绕爱岗敬业、诚实守信、办事公道、服务群众、奉献社会的职业道德教育和意志品质、适应能力、合作精神、心理承受力等关键能力的培养，进行职业选择、职业理想、职业精神和职业道德原则与规范的教育，使其树立全心全意为人民服务的观念，确立主人翁意识和敬业、乐业、创业的精神，明确职业道德的一般原则与规范，为职业道德的实践准备条件。

其次，要充分利用实践环节进行职业道德的教育与训练。职业道德是高度角色化和实践化的道德，职业道德的养成和职业道德教育目标，只有在实践中去感受、体会和领悟，才能养成良好的职业道德习惯。要精心设计教学过程，聘请实习、实践基地的管理人员或行业劳动模范介绍该行业职业道德要求和规范；安排戒毒人员到操作现场感受职业道德和从业精神的内涵，并写出职业道德实践体会，领悟良好的职业道德对企业、事业单位形象乃至生存的重要。

最后，要开展丰富的职业道德教育活动，形成职业道德修养。如帮助戒毒人员养成健康的心理素质、良好的人际关系，为职业道德教育准备良好的心理基础；聘请劳动模范开设专题讲座，进行爱岗敬业、无私奉献、开拓进取的敬业教育。

三、职业技术教育的方法

由于生产和社会需要的多样性，对戒毒人员开展职业技术教育，要采取多种形式和方法。

开展职业技术教育要与社会力量通力合作，采用灵活多样的联合办学模式。

当前有些戒毒所职业技术教育流于形式，有的地方开展的职业技术教育技术层次很低，基本技能又不过硬，戒毒人员的技术技能很难达到用人单位的要求。面对市场经济的发展和日益激烈的就业竞争，戒毒所要根据不同戒毒人员的实际情况，有目的、有计划、有重点地与当地社会企业、职业技术培训机构通力合作，联合办学。同时，还要与当地劳动保障部门、人才市场和职业介绍中心建立长期联系和合作关系，达到社会、企业用工信息与戒毒人员就业意向、技能信息"双向互动"，形成"无缝对接"。

对经过职业技术培训、掌握了一技之长的戒毒人员，戒毒所应当积极与相关部门联系，组织考核。经考核鉴定合格的，由当地劳动和社会保障部门或主管产业部门颁发职业资格证书和技术等级证书；符合评定技术职称条件的，可以评定技术职称。劳动和社会保障部门颁发的职业资格证书，全国统一、社会通用，戒毒人员解除强制隔离戒毒后可凭上述资格证书和技术等级证书向劳动和社会保障部门或其他就业中介组织进行就业登记。

学习任务12　心理健康教育

一、心理健康教育概述

（一）心理健康教育的概念

心理健康教育就是通过向戒毒人员传播心理健康知识，转变戒毒人员的健康观念，使每一个戒毒人员重视自己的心理卫生，矫治、清除各种心理障碍，引导戒毒人员正确认识并解决心理问题，增进其心理健康水平和社会适应能力，恢复或重塑其健康的心理。

《强制隔离戒毒人员教育矫治纲要》中对于"心理健康教育"明确规定，"组织戒毒人员学习心理健康基本知识，了解场所心理咨询工作的基本流程，帮助戒毒人员分析吸毒的心理根源，掌握调控情绪的方法，改变错误认知，学会正确归因，提高应对压力和挫折的能力，学会与人沟通，建立和谐的人际关系。"

（二）衡量戒毒人员心理是否健康的指标

1.能建立积极、良好的人际关系

良好的人际关系是维持个体心理平衡和个性正常发展的重要条件之一。在戒毒所中，心理健康的戒毒人员应该乐于与人交往（包括与警察及其他戒毒人员之间的交往），而且能和他人建立协调、良好的关系。在与人相处时，他们正面的态度（如尊敬、信任、关心、谅解等）常多于反面的态度（如仇恨、忌妒、怀疑、畏惧等）。他们能够以诚恳、公平、谦虚、宽厚的态度对待别人，能尊重别人的权益和意见，也能容忍别人的短处和缺点，使别人乐于和他交往。虽然也不免有令人不悦甚至厌恶的对象，但在他们眼中，社会是由人际关系组成的，多数人是可与之为友的，在没有客观的事实为依据之前，不会轻易对人表现出愤怒或怨恨的态度。

2. 有健全的情绪生活

所谓健全的情绪生活，是指积极愉悦的情绪状态（如高兴、喜悦、欢欣等）常多于消极不良的情绪状态（如愤怒、恐惧、焦虑等）。心理健康的戒毒人员，在戒治过程中，能基本保持情绪稳定、开朗、自信等生活状态。在挫折面前，能很快从消极的情绪中解脱出来，更不会在严重的打击之下自暴自弃，甚至轻生。同时，他们也能适度地表达自己的喜怒哀乐，控制自己的不良情绪，对前途抱有希望，其良好的心境占优势。

3. 乐于学习和劳动

心理健康的戒毒人员应该是乐于学习和劳动的，并能够在学习和劳动中充分地、建设性地发挥其智慧与能力，尽最大的努力获取最好的成绩。同时，他们常能在学习、劳动取得成绩时产生满足之感。相反，那些经常对学习和劳动产生厌恶、抵触情绪甚至恐惧感的戒毒人员，其心理健康状况肯定就是较差的。

4. 有正确的自我意识

人贵有自知之明，心理健康的戒毒人员既能客观地评价别人，更能正确地认识和对待自己。他们了解自己，自我评价客观，既不妄自尊大，也不妄自菲薄，始终保持恰当的自信。他们会为自己确定切合实际的目标，不过分苛求自己，扬长避短，做自己力所能及的事情，不放弃任何教育矫正自己、发展自己的机会。

5. 有正常的行为和协调的个性

心理健康的戒毒人员，其行为是一贯的、同一的，而不是反复无常的；行为反应适当，反应的强度与受到的刺激的强度相一致，该激动时激动，该冷静时冷静，恰如其分。心理活动和行为方式处于和谐统一之中，即具有"完整人格"或协调的个性。

6. 能面对现实，把握现实

心理健康的戒毒人员对在强制隔离戒毒所进行戒治的现实能采取成熟的、健全的适应方式，绝不企图逃避。对于自己在学习、劳动和交往中所遇到的种种问题和困难，总是用切实有效的方法妥善解决，有一定的挫折承受力和经教育矫正改善好的意志力。

二、心理健康教育的内容

（一）心理健康基本知识教育

向戒毒人员传授和普及心理健康常识，是戒毒所心理健康教育工作的重要组成部分。通过学习，让戒毒人员掌握心理学和心理健康科学的基本常识，了解感知觉、记忆、情感、思维、意志等心理过程，动机需要、能力、气质、性格等个性心理特征及自我意识方面的基础知识，树立关于心理健康的科学观念，懂得心理健康的表现与判断标准，了解影响心理健康的各种可能的因素及关系。

（二）认知模式教育

认知模式教育是让戒毒人员掌握认知的概念及其与心理健康的关系，了解戒毒人员中常见的不良认知模式的表现及危害，理解并掌握克服认知障碍的方法，培养正确的认知模式和思维方法。

（三）积极情感教育

积极情感教育是让戒毒人员认识到情绪、情感与心理健康之间的关系，了解戒毒人员中常见的各种消极情绪和情感表现，掌握疏导和消除不良情绪体验的方法，建立积极向上的情感特征，有效地协调、控制，适度地表达自己的情绪，形成积极乐观的生活态度。

（四）意志力和生活方式优化教育

意志力优化教育主要是让戒毒人员充分了解意志对心理行为的调控作用，了解戒毒人员在意志品质方面的缺陷及其具体表现形式、克服方法，增强心理承受力，培养优良的意志品质。生活方式优化教育是让戒毒人员懂得不同的生活方式与心理健康的关系，了解戒毒人员不良生活方式的具体表现及其改变方法，建立良好的生活方式。

（五）人格健全教育

人格健全教育是让戒毒人员掌握健全人格和不健全人格的概念，认识到不健全人格对个体心理健康的消极影响，了解戒毒人员常见的人格缺陷表现，掌握消除不健全人格和培养健全人格的方法。

（六）自我意识教育

自我意识教育是让戒毒人员掌握自我意识的概念及其形成规律，懂得自我意识在个体心理健康中的地位与作用，了解戒毒人员常见的自我意识方面的缺陷或不足，理解并掌握建立和完善自我意识的方法。

（七）人际和谐教育

人际和谐教育是帮助戒毒人员懂得人际关系与心理健康

的关系,认识到戒毒人员特殊身份给其人际关系产生的影响,了解戒毒人员常见的人际交往障碍及其消除方法,掌握人际交往的基本常识与技巧,建立和谐的、有助于戒毒人员良性发展的人际关系。

(八)预防复吸教育

预防复吸教育是和戒毒人员共同深入分析导致戒毒又复吸的内、外部因素,分别从如何保持积极情绪、完善家庭和社会支持系统、远离不良毒友圈等方面入手,引导戒毒人员从自我做起,建立和强化拒毒信念和拒毒意志。

(九)心理测量、心理咨询与心理治疗知识教育

心理测量、心理咨询与心理治疗是心理矫治工作的不同环节。所谓心理测量、心理咨询与心理治疗知识教育,就是让戒毒人员掌握心理测量、心理咨询与心理治疗的概念、功能与流程等相关知识,在此基础上能够积极参加心理测验,正确看待心理测验的结果,主动寻求心理咨询的帮助,积极配合心理治疗。

三、心理健康教育的方法

(一)进行系统化的课堂教育

目前,系统化的课堂教学,因其覆盖面比较广,方式直接,

形式正规,成为戒毒人员心理健康教育的一种首选方式。为了达到良好的效果,首先,应整体规划,统筹安排,将戒毒人员心理健康教育纳入戒毒人员教育的整体序列之中。作为戒毒人员的必学课程,安排一定的课时,制订统一的教学计划,让戒毒人员系统地学习心理卫生、心理健康知识。其次,要选用合适的教材。近年来,全国已经出版了一些戒毒人员心理健康教育教材,如丁昌权编著的《戒毒人员心理健康教育》,中国司法行政戒毒工作协会组织编写的《心灵之窗——戒毒人员心理健康教育读本》,林信洁编著的《戒毒人员心理健康指南》等。最后,教学过程中,既要注重心理学基本理论的讲解,又要注重心理调节方法的传授。教师应由心理咨询师或心理辅导员兼任。为了激励戒毒人员学习的积极性,教育过程还可以穿插进行知识竞赛、演讲等活动来充实并强化教学内容。

（二）利用传播媒介开展宣传教育活动

在日常矫正中,可利用墙报、黑板报、广播、戒毒所内部创办的杂志等媒介宣传心理卫生、心理健康知识,录制电台广播、电视台有关健康的节目,组织戒毒人员收听、收看。在此基础上,各个戒毒所还可创造条件,将高新技术和心理科学方法相结合,帮助戒毒人员科学利用电话、网络等现代设备与社会相联系,组织社会各界的力量尤其是戒毒人员的家属参与对戒毒人员的改造,增强戒毒所吸纳社会信息的能力，改善戒毒人员封闭状态，促进戒毒人员人格健康发展。

（三）举办有关心理健康的专题讲座

戒毒所应针对不同类型的戒毒人员，开展心理学知识的专题讲座，这样能大大增强戒毒人员心理健康教育的针对性和有效性。这类讲座，在条件允许的情况可邀请社会上的有关专家来进行。专家以其知识性、权威性往往能够取得更好的效果。

（四）加强潜在课程建设

在戒毒人员心理健康教育的过程中，正规课程的教育不可缺少，潜在课程的熏陶也不容忽视。从教育学的角度看，课程应包括教育环境的所有因素。例如，戒毒所文化建设就是戒毒人员人格改造的潜在课程。戒毒所文化建设，是戒毒所以自我理性认识为基础，对自身物质文化、制度文化和精神文化的改造和构建。它有利于推进戒毒人员人格的健康发展，是促进戒毒人员人格改造的潜在课程。目前，很多戒毒所都非常注重环境的绿化、整洁和美化，包括在大墙内种树、栽花，建起雕塑、喷泉、水池、假山等，使戒毒所这一坚固而严厉的环境被赋予自然和生命的内容和色彩，从而有利于戒毒人员身心健康和情绪、情感的培养。不同的戒毒所，可根据自身的特点，创造自己的特色。

（五）戒毒人员自我教育

大量的理论研究证明，戒毒人员不是改造的消极客体，而是能动的主体。所以在戒毒人员心理健康教育方法上，戒毒民警应注重戒毒人员的主体地位，努力探索以戒毒人员为学习活动主体的教育方法。如，鼓励戒毒人员写日记。在日记中，戒毒人员作为主体的"我"对客体的"我"进行感受、体验和认识，在写日记的过程中进行自我理性构建。戒毒民警所要做的，是指导戒毒人员如何将写日记的过程转化成为一种思考过程，而不是单纯记录日常琐事。对于戒毒人员的不健康心理，在外部力量介入的同时，应注重戒毒人员自我调节方法的传授。如有人提出并尝试运用的精神超越法、性情陶冶法、自我调控法、自我激励法、转移目标法、角色互换法等，都可以向戒毒人员传授，并给以正确引导。在开发戒毒人员自身潜力的同时，还要注重利用戒毒人员群体的力量，造就一种积极的心理互动的环境。比如，编排心理游戏、心理剧、心理操，组织心理矫治典型进行现身说法等。为戒毒人员创造一个相对宽松的心理互动环境，以便他们相互之间施加有益的影响，彼此之间建立和谐的人际关系。

【任务考核3-1】

戒毒人员向某，现年34岁，中专文化，未婚，家中无直系亲属。向某1岁时母亲去世，由爷爷奶奶抚养长大，爷爷奶奶过世以后随父亲生活。由于自幼母爱的缺失，自身成长过程中缺乏安全感，对外人充满戒备心理。2016年，父亲因胃癌去世以后向某便彻底失去了家庭温暖，随后开始吸毒。2017年因吸食毒品，工作被辞退，没有了经济来源，生活拮据，自己的精神受到了打击，变得沉默寡语，认为全世界都看不起自己，对人产生敌意。于2020年10月被送到强制隔离戒毒所戒毒。

根据向某的特殊情况，如何安排恰当的教育矫正内容？

【任务考核3-2】

王某，女，离异，大专学历。2020年8月被社区戒毒，2020年9月被强制隔离戒毒两年。其父亲因一场矿难去世，母亲在其出生后不久，将其送给父亲的工友抚养，从此便杳无音讯。养父母多年膝下无子，但在收养了王某后第二年，有了自己的孩子，便将王某送到了乡下奶奶家寄养，而妹妹则留在了父母身边。王某到了入学年龄时，才被其养父母接回同住。然而王某并不情愿，舍不得离开奶奶。王某与养父母同住后，养父因工作常年不在家，养母对其苛刻打骂，凡事都拿来与妹妹做比较，自己感觉很愤怒，也很痛苦。在其小学一年级时，养父母又育有一个男婴，家里更是对弟弟宠爱有加，王某感到母亲不爱自己了，非常伤心。直到初中时，王某从邻居中得知自己是抱养的真相，感到绝望，初中毕业后便离家出走，打工养活自己。在20岁左右时，王某与一男子草率结婚，育有两子。婚后王某对其丈夫百般挑剔，各种不满，觉得丈夫懦弱无能，没有上进心，处处不如自己。此时的王某事业小有成就，身边的人也越来越复杂，渐渐染上赌博的习惯，并且借了高利贷。面对越滚越大的贷款数字，王某不想拖累家人，毅然与现任丈夫离婚，远走他乡。在外地，王某非常思念自己的孩子。由于工作和生活、债务的多重压力，2019年王某沾染上了毒品，于2020年被强制隔离戒毒。入所后，王某与其他戒毒人员格格不入，总是发生人际冲突，始终认为自己跟别人不一样，是"好孩子"。但王某康复劳动、康复训练、生活自理等事事都做不好，感觉精神无法集中，常常走神，总是抱有不切实际的幻想。班内其他人有时会听到王某自言自语。其本人也多次向警察表示非常想念自己的孩子。

根据王某的情况，应重点进行哪方面的教育矫正？

【拓展思考】

（1）思想教育包括哪些方面的教育？

（2）如何实施文化教育？

（3）职业技术教育的意义是什么？

（4）心理健康教育的方法有哪些？

实训项目 2　强制隔离戒毒人员法制教育技能训练

一、实训目标

通过训练，使学生具备以课堂教育的形式对戒毒人员进行法制教育的技能。

二、实训内容和要求

（一）实训的内容

（1）编写一节法制教育的教案。
（2）制作法制教育的课件。
（3）完成 30 分钟的教学任务。

（二）实训的要求

（1）掌握矫正教育的基本原理。
（2）掌握课件制作的原理和教案编写的格式要求。
（3）掌握课堂教育的基本方法（讲授法、提问法、讨论法等）。

三、实训条件和素材

（一）实训条件

理实一体化教室。

（二）实训素材

许多刚刚入所的戒毒人员都会说："我没偷、也没抢，用我自己的钱买毒品，在我自己家吸食，为什么让我强制戒毒？"正是因为他们法律意识淡薄，才导致走错了人生中重要一步。因此，只有加强普法教育，使戒毒人员充分认识自身违法行为对国家、对社会、对家庭造成的现实危害，才能有效提高教育戒治质量。

四、实训方法和步骤

（1）学生以3人为一组，根据教师提供的材料，选定一个主题，三人分工协作，共同制作一节法制教育的课件和编写该主题的教案。

（2）以学生所在的班级为单位，每小组选派一位同学进行试讲后，再挑选一部分在课堂模拟讲授。由教师和学生组成评议小组对授课过程进行评议。

五、实训考核

（1）总结训练成果，写出训练心得体会。

（2）指导老师进行讲评，并评定训练成绩。

项目四
强制隔离戒毒人员矫正教育的方法

【学习目标】

知识目标：掌握戒毒人员矫正教育的教育类型以及各类教育方式的特点。

能力目标：具备开展集体教育、个别教育、分类教育、社会教育的能力。

素质目标：具备客观公正、诚实正直的职业道德；具备勤勉尽责、专注认真的职业精神。

【案例导入】

戒毒人员林某，男，离异，江西南昌人，曾在某医院工作，家有老母亲和一双儿女。2008年林某开始吸食毒品，曾强制戒毒二年；2016年9月因复吸，再次被公安机关决定予以强制隔离戒毒。刚入所时，林某沉默寡言、无精打采，表现出极大的不适应。面对民警的关心，他不是无动于衷，就是经常借口身体不舒服逃避队列训练和康复训练，也不积极参加教育学习。2016年11月，他从入所队分到其他中队后，经常因不参加康复劳动、违规违纪而受到民警的批评教育。责任民警找林某单独谈话时，林某极不耐烦，甚至会顶撞民警。大队在了解他的情况和入所表现后，对其运用了以下教育方法。

第一，着重个别教育，增强戒毒信心。

即便林某对民警的个别谈话教育有较强的抵触情绪，但民警仍不厌其烦,经常主动地找他谈话聊天。林某终被民警的执着和真诚所打动,敞开心扉,向民警讲述了其吸毒前后生活发生的巨大变化——一个温馨和睦的家庭因他吸毒而支离破碎,父亲也在其吸毒期间带着绝望离开了人世,林某每次谈到这些时都眼含泪花。在这种倾诉与倾听之间,林某慢慢放松心态,向民警表达了其对毒品危害的认识以及对毒品的憎恨,暗下决心与毒品划清界限。鉴于林某是大学本科毕业,又有多年的从医经验,民警决定发挥他的特长,以此激发其戒治潜能。中队成立了以他为核心的兴趣学习小组和互帮互助小组,让他发挥医疗特长去帮助一些身体不适的戒毒人员缓解病痛,用自己的实际行动去实现人生价值。

第二,共同帮教,唤醒亲情。

林某在戒毒所戒治的一年多时间里,中队民警用各种方法为其创造与家人沟通交流的机会,以期早日唤醒埋藏在其内心的亲情。在林某刚来戒毒所的时候,民警让其用亲情电话与母亲、儿女交流以缓解思念之情;在转入康复巩固区后,利用"6·26场所开放日"活动的契机,邀请其母亲来所参观并作为家属代表发言。林某母亲在台上声情并茂、言辞真切的发言感动了现场所有的人,更促使林某流下悔恨的泪水!通过一系列的共同帮教活动,建起了林某与家人的沟通桥梁,亲情也慢慢在其内心复苏。

第三,真情帮扶,促其新生。

林某转入回归指导区后,民警通过谈心了解到他对回归社会后的担心，不知道是否还能够回原单位工作。民警了解到林某的顾虑后，立即向大队长作汇报。大队长在全面了解林某的具体情况后，亲自和其家人一起去林某以前工作的医院找到了院领导进行沟通，向院领导介绍了林某的戒治情况并转告了林某想回单位工作的意愿。医院领导表示，只要林某真心悔改，医院还是会给他一次机会的。林某听到这个消息后，内心十分感动，当场表示绝不辜负民警、医院领导和家人的期望。[①]

学习任务13　集体教育

一、集体教育的概念及意义

（一）集体教育的概念

集体教育是相对于个体教育而言的，它是指戒毒矫正机构对戒毒人员群体进行的一种集中的，以解决普遍性问题为目的，以思想引导、知识传授和行为养成为内容的矫正教育活动。由于集体教育的受众面较广，容易形成一定的声势和氛围，因而成为所有教育通常采用的最普遍的教育方式，其重要性已在教育者中达成共识。在解决戒毒人员

---

① 材料源自中国法律服务网"司法行政（法律服务）案例库"。

的共同认识问题时，如法制教育、道德教育、形势政策教育、前途教育等，可以考虑采用集体教育的形式。集体教育可以高效地解决戒毒人员群体中存在的共性问题，培养戒毒人员的集体观念、纪律意识，有利于对戒毒人员开展思想教育并培养其行为习惯。

集体教育概念包含三层含义：一是教育的目的是解决戒毒人员普遍性的问题，二是教育的对象是戒毒人员群体，三是教育的内容是进行思想引导、知识传授和行为养成。集体教育不仅对于戒毒人员共性问题的解决行之有效，而且还可以通过集体教育形式培养戒毒人员良好的集体观念和行为习惯，发挥戒毒人员群体的教育影响作用。

（二）集体教育的意义

1. 有利于解决戒毒人员的共性问题

虽然我国戒毒人员构成复杂，不同类型的戒毒人员有不同的行为和心理特征，但是戒毒人员在接受教育矫正过程中，经常会暴露出一些共同性的心理和行为问题。比如，对强制隔离戒毒的理解，对自己权利和义务内容的了解，对戒毒民警的抵触心理，对国家颁布施行的法律、法规、政策的反应，等等。对于这些问题，戒毒人员往往有一些相同或相近的思想动态和行为表现。戒毒矫正机构通过认真分析，总结各类戒毒人员的共性问题，采取讲授、集体讨论、组织参观等集体教育的形式，进行共同分析和教育，能够取得良好的教育矫正效果。

2. 有利于提高教育矫正效率

实现戒毒人员的再社会化是戒毒矫正机构开展教育矫正活动的根本目的。为了让戒毒人员戒除毒瘾，成为守法公民，让他们真正融入社会群体生活，我国的戒毒矫正机构非常重视对戒毒人员进行系统的教育。根据《强制隔离戒毒人员教育矫治纲要》的相关规定，戒毒矫正教育内容应包括入所教育、所规所纪教育、法律常识教育、思想道德教育、形势政策宣传教育、戒毒常识教育、文化素质教育、戒毒康复教育、心理健康教育、劳动教育、职业技能培训等。而上述教育内容主要是通过集体教育的形式来实现的。而且按照一定的层次，有计划、有步骤地开展，遵循由浅入深、循序渐进、完整系统的教育规律，可以达到事半功倍的效果，并不断提高教育的质量。

3. 有利于发挥集体优势，培养健康的群体

从社会学的角度来讲，戒毒人员实施违法行为是其社会化过程失败的结果。戒毒人员要真正成为合格的守法公民，必须经历强制性的再社会化阶段，而强制性再社会化和正常的社会化一样，要求在正常的社会群体中进行。只有通过集体教育形式，坚持不懈地对戒毒人员实施目标明确的、内容健康的、系统的影响活动，才能形成遵纪守法、奋发向上、互相帮助的戒毒人员群体。

二、集体教育的特点

（一）形式的规范性

集体教育是一种十分规范的教育活动，其规范性体现在：（1）教育内容规范。集体教育针对的是戒毒人员中存在的共性问题，主要适用于形势政策教育、法制教育、公民道德教育等教育内容。（2）教育过程规范。集体教育活动的目的明确，在教育的时间、地点、环境等方面要求严格，需要制订周密的计划，实施过程比较严谨。（3）教育场所的纪律要求严格规范。在集体教育过程中，戒毒人员必须依法遵守监规纪律，保持良好的教育秩序。

集体教育是对戒毒人员群体开展的教育活动，不论采取的方式、内容、时间、地点、具体要求还是预期效果，都要与戒毒人员群体的水平和需要相适应，以利于戒毒人员的理解和接受，还要尽量便于戒毒人员参加。

（二）内容的针对性

集体教育是为了解决戒毒人员中的共性问题。因此，在开展集体教育之前，戒毒民警必须深入戒毒人员中进行了解，掌握第一手材料，分析戒毒人员的心理、思想动态、生活状况，才能提取出戒毒人员中存在的共性问题，确定集体教育的主题及内容，确保集体教育的有效性和针对性。例如，矫正教育开展初期，刚进入教育矫正的戒毒人员对矫正规章制度不了解，不知道自己的基本权利和义务，甚至存在疑惑，对矫正教育工作有抵制心理等。针对上述情况，戒毒所可以开展主题为"强制隔离戒毒矫正教育基本制度学习"的集体教育活动，以解除戒毒人员的疑难问题。

（三）教育的权威性

集体教育是依法进行的一种法定教育方法，其依据来自法律法规的授权；集体教育面向戒毒人员群体，受众面广，气氛严肃，要求严格；集体教育的施教者或是戒毒矫正机构领导，或是聘请社会各界专家、权威人士，影响力大；集体教育内容政策性强，与戒毒人员切身利益密切相关。

（四）方式的灵活性

戒毒矫正机构在对戒毒人员开展集体教育时，除了采取课堂式教育，还可以结合教育主题，采取培训、讲座、参观等多种教育形式。例如，可以在七一建党节、九一八事变等特殊日子举办以"不忘国耻，铭记党恩"为主题的系列爱国主义专题教育活动，组织戒毒人员观看爱国电影、赴烈士陵园向烈士敬献花圈、扫墓等；可以利用清明节、端午节、重阳节、中秋节等中国传统节日开展以"传承传统文化，弘扬民族精神"为主题的教育活动；可以组织参观警示教育基地、参加英模报告会等多种形式来开展集体教育；也可以由表现好的戒毒人员作"拒绝毒品，重塑人生"的主题发言；等等。

三、集体教育的方法

（一）课堂讲授法

课堂讲授法是集体教育最基本和最常用的一种方法，广泛地用于戒毒人员的思想教育、文化教育、职业技术教育、心理健康教育之中。课堂讲授法是指戒毒矫正机构利用自身资源及其他整合力量，在规定的时间和地点，按照预定的教学计划，对戒毒人员进行的相对系统的授课活动。课堂讲授法由戒毒矫正机构工作人员、专业教师或者志愿者进行授课，有确定的教材、教学大纲和教学场所，组织形式比较正规。课堂讲授的目的是使戒毒人员不仅获得所学科目的基础知识，而且能运用这些知识去分析和解决问题。因此，在课堂教学中，教育者要因人施教，利用讲述、解析、演示、提问等方法，充分调动戒毒人员的积极性和参与性，针对实际情况进行讲授，注重教与学的互动，注重教学的逻辑性、科学性、生动性和趣味性，保障教学效果。

（二）集会式教育

集会式教育指的是就特定专题或任务而进行的宣讲说教活动。与课堂式教育相比，集会式教育形式灵活，具有时间短、针对性强、教育主题单一的特点。集会式教育的主题可以根据社会形势、矫正进展予以确定，可采取动员大会、奖惩会、形势政策分析会、法律政策宣讲会等多种形式进行。集会式教育方式要密切配合实践，客观正确地分析实际情况，总结讲评要具有针对性，同时也可以结合戒毒人员的具体情况，对其提出进一步的希望和要求。集会式教育主要通过训诫法来实现。训诫法是为了解决戒毒人员在转化过程中存在的问题，运用列队式进行教导和告诫的一种教育方法。

（三）现场式教育

现场式教育是指组织戒毒人员直接参与社会实践，以亲身体验为特点的集体教育形式。具体而言，可以通过参观法、榜样示范法等方式，有计划、有目的地引导戒毒人员接触实际事务和实例，以感性认识的形象化方式影响戒毒人员的思想，触发其情感，通过戒毒人员内心的认同与接受，增强其法律意识，减轻其对抗思想并引导其正确的观念和行为。其特点是比较生动、直观，容易激发矫正对象的感情，加深印象和记忆。

1. 参观法

参观法是有计划、有目的地引导戒毒人员接触实际事物，以增强其感性认识的形象化教育方法。例如，图牧吉戒毒所组织戒毒人员参观警示教育基地。戒毒人员通过观看仿真毒品及吸毒工具模型，体验VR模拟毒驾过程，切实感受到毒品的危害性，同时结合自身经历，分析他人因吸食毒品而家破人亡的案例，再次深刻体会到吸毒对家庭的危害。通过此次警示教育，再次为戒毒人员敲响警钟，使戒毒人员在心灵上受到警示，在思想上经受洗礼，取得了良好的矫正效果，并开拓了矫正教育的新领域。

2. 榜样示范法

榜样示范法是以英雄、榜样影响戒毒人员的思想、情感和行为的一种现场式教育方法。例如，山西省未戒所在戒治区开展了"铭记历史　致敬英雄　弘扬红色精神"清明节主题教育活动。在多媒体电教室，戒毒人员观看了《太行英雄传》《吕梁英雄传》中的经典影视视频，民警还通过主题讲座给戒毒人员讲述英雄人物刘胡兰、左权的故事。戒毒人员纷纷表示一定要好好戒毒，向不同时期的英雄们学习，用实际行动告慰英灵，回报社会和家人。此种教育方式得到了戒毒人员的赞同，他们普遍乐于接受。其较好地改善了教育者与被教育者的对抗性，较大地改变了戒毒人员的矫正心态，有效地帮助了戒毒人员。

（四）讨论法

讨论法是在戒毒民警的组织下，按照一定的要求，组织戒毒人员就某些问题发表见解，互相启发，共同提高思想认识的方法。讨论法多是在课堂讲授、报告、专题讲座之后，及时组织戒毒人员开展深入讨论。讨论法的运用，可以澄清戒毒人员模糊的是非观念，有助于帮助他们分清是非、善恶，促使他们矫正错误观点和思维方式，进而端正矫正态度。讨论法是一种多向交流的方法。采用讨论法教育戒毒人员时应注意的问题：一是讨论前的精心准备。民警要根据教育目的拟定讨论的题目，确定讨论内容，并要事先召集戒毒人员，作具体布置，提出明确要求和交待要注意的事项。二是在讨论时，民警要注意调动戒毒人员参与讨论的积极性，适度参与并引导，发挥教育者的主导作用。引导戒毒人员讨论共同关注的问题时，注意谈话的中心和方向。当戒毒人员对某些现象难以把握或对某个问题分歧过大而影响讨论顺利进行时，要及时、适当地予以引导。要给戒毒人员提供适当的解释，解释时，表达要简要、通俗易懂，联系戒毒人员实际深入浅出，避免空洞说教。三是讨论结束后，民警要做总结，肯定正确的认识，否定错误的认识。

学习任务14　个别教育

一、个别教育的概念及意义

（一）个别教育的概念

个别教育是矫正教育中传统的教育方法，它指戒毒矫正机构的工作人员针对戒毒人员的个别行为状态和心理特征，进行"一对一式对话"，以此来影响他们思想、传授他们知识的一种教育活动。个别教育的目的在于解决戒毒人员的个别、具体、特殊的问题。相较于集体教育而言，个别教育更具针对性、沟通更具渗透性。

司法部2014年7月颁布的《强制隔离戒毒人员教育矫治纲要》规定的教育矫治的基本原则："坚持因人施教的原则。根据戒毒人员的认知规律、生理、心理和行为特点，确定个性化的教育矫治方案，帮助个体戒除毒瘾，实现不同程度的改变和成长。"可见，个别教育已经成为强制隔离戒毒矫正教育工作的一项重要举措。

（二）个别教育的意义

1. 个别教育是落实因材施教的理念，实现人文矫正的重要力量

唯物辩证法告诉我们："任何事物都是共性与个性、一般与个别、普遍性与特殊性的统一，都包含着矛盾的特殊性。从矛盾的特殊性出发，是科学认识事物和具体解决矛盾的前提。""马克思主义的最本质的东西，马克思主义活的灵魂，就在于具体分析具体的情况。"[1] 具体的情况就是指矛盾的特殊性，"尤其重要的，成为我们认识事物的基础的东西，则是必须注意它的特殊点，就是说，注意它和其他运动形式的质的区别"[2]。因而对戒毒人员实施个别教育就是针对他们个性进行具体问题具体分析。这就要求戒毒民警在矫正工作中摆脱以往的束缚，真正做到因材施教，把握戒毒人员的

---

[1] 《毛泽东选集第1卷》，人民出版社，1968年，第287页
[2] 《毛泽东选集第1卷》，人民出版社，1968年，第283页

成长环境、家庭背景、性格特征等因素，辨证施治，抓住症结，最大程度提高矫正质量，从而实现人文矫正。

2. 个别教育能够及时解决问题，提高矫正质量

个别教育有利于及时发现矫正教育工作中存在的问题，及时消除隐患，掌握教育主动权。个别教育通过戒毒民警与戒毒人员之间面对面的接触，心与心的交流，不仅可以缓解戒毒人员与戒毒民警的对立情绪，还有助于戒毒民警从个别交谈中了解戒毒人员的家庭情况、社会关系，掌握其吸毒经历、性格特征、气质类型、思想状况以及情绪状态，抓住戒毒人员思想症结，通过激烈的思想交锋，开启戒毒人员心扉，促其思想转变。同时，还有利于戒毒民警根据掌握的情况及戒毒人员思想的发展趋势对戒毒人员的行为选择作出正确预测，做好防范工作，把各种危险消灭在萌芽状态，为减少和预防重大恶性案件的发生、确保戒毒所安全提供有力的保证。

3. 个别教育有利于提升矫正队伍的综合素质能力

在开展个别教育的过程中，戒毒民警是做好这项工作的关键。高水平的戒毒民警，可以用一场对话打破戒毒人员的心理防线，而刚刚从事戒毒工作的民警往往无从下手，更有甚者被其"玩得团团转"。不同的戒毒人员有不同的问题症结，这就需要戒毒民警运用更加全面的知识体系来教育引导戒毒人员。戒毒民警不仅要具备犯罪学、社会学、教育学、禁毒学、法学等理论知识，还需要具备心理咨询、思想疏导、快速思辨等实战经验，更要具备清正廉洁、秉公执法的人格力量。

戒毒民警在个别教育每一个环节、面对每一个戒毒人员，都要能及时拿出具体的解决方案，都要对自己的工作方式方法及时复盘总结，这对于提高自身业务能力有着极为重要的意义，客观上也起到了提升矫正队伍专业化、科学化的重要作用。

二、个别教育特点

（一）针对性

每个个体的情况千差万别，面临的问题亦各不相同，这就要求我们针对不同的戒毒人员实施不同的矫正方案，对戒毒人员"对症下药"，以理服人，由宏观向微观转变，充分深入地去了解每一个戒毒人员的思想、行为、情绪、性格等，有的放矢，增强工作的科学性，最终提高矫正效果。

（二）灵活性

戒毒人员所呈现的问题多种多样，往往单一的教育形式已经不能达到相应的矫正要求。而个别教育最大的特点就是灵活性，能够及时把握戒毒人员的思想和行为变化情况的动态走势，随时随地解决戒毒人员的问题，从而及时地开展教育引导工作，最大程度地掌握矫正教育的主动权。

（三）深入性

个别教育是针对某一个戒毒人员选择"面对面"的方式

进行深入沟通了解,这种最直接的沟通方式能迅速拉近与戒毒人员的距离,并以此为基础开展更加有效的矫正方案。深入性要求戒毒民警在与戒毒人员对话中,及时发现问题,进而作用于他们的思想,打消他们的顾虑,产生一定的心理效应。此外,戒毒民警与戒毒人员可以就某个问题相互交换观点,进行最直接的情感交流,从而产生良性的互动关系,达到集体教育所达不到的效果。

(四)稳定性

个别教育是一项极具科学性的教育矫正措施,并且伴随着教育的深入,把科学的矫正方案运用其中,能够切实地推进矫正教育整体工作的开展。并且在这个过程中,耗时多,要求高,一旦形成系统化的方法,就更能经得起时间的检验,更能达到教育的稳定性。个别教育还经常会出现戒毒民警与戒毒人员激烈的交流沟通场面,既有严厉的批评,也有心灵的启发,更有生活的关怀、行为的感化,因此能让戒毒人员心理和行为都留下深深的烙印。这种反复的矫正方式,所起到的效果也更加稳定。

三、个别教育方法

(一)个别谈话

个别教育主要采取个别谈话的形式。所谓个别谈话是指戒毒民警从戒毒人员的改造实际出发，与戒毒人员面对面地交流思想观点和情况，解决其思想和实际问题的一种教育形式。《司法行政机关强制隔离戒毒工作规定》第47条明文规定："强制隔离戒毒所应当对戒毒人员开展有针对性的个别教育。戒毒大队人民警察应当熟悉分管戒毒人员的基本情况，掌握思想动态，对分管的每名戒毒人员每月至少进行一次个别谈话。戒毒人员有严重思想、情绪波动的，应当及时进行谈话疏导。"

1. 个别谈话的类型

按照戒毒民警在谈话中所处的地位，将个别谈话法分为约谈式谈话法和接谈式谈话法。

（1）约谈式谈话。约谈式谈话是指戒毒民警主动与戒毒人员谈话，及时、全面地了解戒毒人员的思想、心理动向和行为表现，以采取针对性对策的一种方法。这种谈话方式是谈话教育主要方式，其特点在于戒毒民警是谈话的启动者，谈话对象确定、目的明确、方案预定、准备充分。根据个别谈话任务和目的的不同，约谈式谈话又可分为收集情况、启发引导、突击触动、表扬警戒、辅导教育、安慰问候等类型。

（2）接谈式谈话。接谈式谈话是指戒毒人员主动来找戒毒民警谈话的一种方式。戒毒人员在矫正教育过程中，在遇到现实困难时，会希望通过向戒毒民警反映，从而获得关心、帮助、答疑和解惑。在接谈式谈话过程中，戒毒民警应妥善处理好以下几个方面的问题：一是要热情接待，不可漠视和推脱；二是要认真聆听戒毒人员的谈话内容，判断其谈话意图，尽量将本次接谈变被动为主动；三是要区别情况，妥善处理。具体来说，能够当场解决的事情，将谈话延续下去，实现解决问题的目的；在工作职权范围内但不能够当场解决的事情，不要轻易下结论，可以约定时间再谈；如果是超越职权范围的事情，可以如实告知对方自己无权处理，告诉其正确的反映途径，也可代为上报，待有权部门处理后，再将事情处理结果反馈给戒毒人员。

2. 个别谈话的环节

对戒毒人员进行个别谈话，是一项艰苦、复杂、细致的工作，因此，掌握个别谈话的环节，是优化个别谈话效果的关键所在。在实际工作中，一般应抓住以下几个环节：

（1）不打无准备之仗。个别谈话是戒毒民警同戒毒人员展开面对面的说理斗争，因此要夺取斗争的胜利，就需要认真做好准备，不打无准备之仗，切忌没有准备，漫天撒网，不着边际。这就要求谈话前做到"六明确"。一是明确基本情况，二是明确谈话原因，三是明确谈话内容，四是明确谈话目的，五是明确谈话方法，六是明确谈话方案。

（2）讲究谈话艺术。一是选择好谈话地点。环境对人具有一定的影响，不同的环境下，人与人的交谈会有不同的感受。个别谈话时，对场所的安排应有所选择。如果是较为正式的谈话最好选在戒毒民警的办公场所，特别是专门用于谈话的教室、谈话室，效果较好。如果是一般了解情况、交流思想、沟通感情，则可选在戒毒所的某个相对安静的场所，让双方在轻松的气氛中进行谈话，减少压抑，更容易谈出真实的想法。

二是把握好谈话时机。要根据戒毒人员的具体情况及需要谈话的主题，确定谈话的时机。一般来讲，在戒毒人员遇到重大事件时，应及时谈。特别是在戒毒人员遇到挫折容易发生事情时，更应及时进行谈话，给予帮助，以防破罐子破摔。在遇到一些因直接接触而激化矛盾的问题时，则应迟谈，否则一谈就崩，无法再教育。如戒毒人员在矫正过程中与他人发生人际矛盾，或是其他纠纷，则不应在他气头上找他谈话，应先冷处理，待他冷静下来，事后再谈。刚入所的戒毒人员，对强制隔离戒毒一无所知，对这样的人，在入所后要及时进行谈话。在戒毒人员出所时，为了鼓励他今后在社会上继续遵纪守法，诚实劳动，自食其力，避免复吸，必须对他进行谈话，帮助他总结惨痛教训，引导他走正道，干正事，做好人。

三是讲究谈话语言。语言是开启心灵窗户的钥匙，但是语言的使用有个恰当的问题。恰当的语言有助于促进谈话，不当的语言则可能使谈话陷入僵局。当与不当则应因人、因事、因时而异。如对一个家庭经济十分困难的戒毒人员，为了他的工作问题而与他进行个别谈话时，就应当考虑他此时的心理压力，对工作的渴望。因此，谈话要尽量体现同情心和温暖感，让戒毒人员觉得即使你没有能实际帮助他解决目前的困难，他也非常感激你对他的鼓励，使他产生了生活的信心与力量。如果是对一个刚犯了错误的戒毒人员进行谈话，这时候的语言就不能再以同情、温暖的格调出现,而是要有一种尖锐、严厉,让他觉得义正词严,有一种语势压人的感觉。另外对于文化程不同的戒毒人员,语言的要求也应有所区别。对文化程度很低的人,应当尽量谈些浅显的道理,讲一些简单直白的事例;而对具有一定文化水平的人,则可以讲一些深刻的道理,表达得抽象、含蓄一些。

四是重视身体语言的运用。身体语言是谈话交流的又一种表达语言。戒毒民警在进行个别谈话时,要辅助以适当的身体语言,这样就可以让戒毒人员从中感受到你的态度。如面部的微笑表示肯定、赞赏;面部严肃表示这样的谈话非常重要;面露怒色,表示对方的讲话有问题;眼睛看着对方表示在注意着对方讲话;有些手势表达的意思会避免语言表达带来的伤害,比有声语言更适合谈话交流。

(3)巩固教育成果。戒毒人员的思想转化过程,是一个从量变到质变、循序渐进的过程。它要求戒毒民警把对戒毒人员的个别谈话贯穿于矫正教育的全过程,经常不断地进行,防止三天打鱼两天晒网或一劳永逸的思想倾向。

3.个别谈话的具体方法

(1)说理法。是针对戒毒人员思想的主要矛盾,采取摆事实、讲道理的方式同戒毒人员谈话。重在动之以情,晓之以理,平心静气,循循善诱。要引导戒毒人员追求和坚持真理,对矫正中发生的问题,要善于理性思考,明辨是非,分清善恶,区别美丑,不可盲目行事。

（2）谈心法。是一种轻松、自由、拉家常式的谈话方式，适用于初次谈话或每次谈话的开头。它能缓冲谈话气氛，消除戒毒人员的紧张、恐惧心理和对立情绪。谈心一般从戒毒人员爱好、兴趣以及所关心的问题开始谈起，密切感情联系，缩短心理距离，然后逐渐把话题引向正题，以有效地解决谈话所要解决的问题。谈心的目的是了解戒毒人员的一些基本情况，解决思想问题，最根本的要求是从关心戒毒人员出发，尊重戒毒人员人格、态度诚恳，与人为善，心理相容，从而达到谈话目的。

（3）商讨法。是以尊重、亲切的态度，商量、讨论问题的方式与戒毒人员谈话。它可以消除戒毒人员对戒毒民警的成见，减少交流障碍，为进一步深谈创造条件。对于自尊心强，叛逆心理明显的戒毒人员应采取这种友好的谈话法，谈话节奏应放慢，语气深沉，说出的话要雄浑有力，发人深省，给戒毒人员造成一个无可辩驳的气势。

（4）点拨法。是运用暗示或言语提示来帮助戒毒人员明白某些道理。戒毒民警应根据戒毒人员违法和矫正的具体情况，抓住主要矛盾和关键问题，从主观和客观两方面进行精辟的分析点拨，指出其违法和产生不利于矫正言行的主要、关键性原因，使戒毒人员幡然悔悟，认清自己的错误所在，迷途知返，并确立正确的矫正态度和矫正目标，最终起到立竿见影的教育效果。其主要适用于心理敏感、疑心重的戒毒人员。

（5）触动法。通过严肃正规的态度、言辞激烈的表达、真心实意的说服，给戒毒人员以心灵上的强烈刺激与震撼，一针见血地指出善与恶的实质和厉害结果，促其受到激励或触动，进而趋利避害，弃恶扬善，转变思想，积极行动，接受教育。其主要适用于那些自我调控能力较差，消极悲观，惰性顽固，不能正视自己矫正前途的戒毒人员。

（6）劝诫法。是针对戒毒人员的顽劣错误思想和不良行为，进行警告劝导，指出后果的严重性，促其权衡利弊，悬崖勒马，改过自新。劝诫不等于简单训斥，而是要进行据事说理，晓以利害，提出警示，促其梦醒。对反改造分子，应开展有针对性的教育劝诫，只要他们对错误有所认识，愿意悔改，就应给予肯定；对由好变坏的戒毒人员，一旦出现错误的苗头，就应及时劝诫，使他们不致继续下滑。

（7）调节法。是针对戒毒人员思想和行为的非原则性问题或感情纠纷问题，采取调节的方式同戒毒人员个别谈话，从而帮助戒毒人员消除心理障碍，达到预防矛盾激化的目的。

（二）个别感化

个别感化是指通过真情实意、满腔热情去教育和影响戒毒人员，以达到潜移默化效果的一种方法。个别感化在个别教育中是一种很有效的"催化剂"，是充满关爱的人性化的教育方法。运用好个别感化，必须做到以下两点：一是尊重对方人格。尊重是一种接纳他人的基本态度。尊重戒毒人员人格是运用感化法的前提基础。戒毒人员普遍存在敏感、多疑、戒备、抵触的消极心理，因此，戒毒民警如果不能做到对其人格上的尊重，生活上的关心，就很难获得对方的认同和信任，也就无法实施感化教育。二是注重情感引导。个别感化时，戒毒民警要帮助戒毒人员认识、表达和调节自己的情绪，使其学会面对逆境，学会与他人相处，进而使其拥有良好的心理状态和人际关系，重塑人格，重拾信心。

（三）个别训练

个别训练是指戒毒民警在布置任务时，有针对性地要求个别戒毒人员按照一定的规范，从事某些矫正活动，以形成良好的思想品质和行为习惯的教育形式。个别训练的内容极为广泛，既可以是单独的队列训练，个别的劳动技能训练，也可以是单独的行为矫正训练等。要使个别训练有针对性，必须做到以下三点：一是明确问题。做好调研工作，明确问题，对症下药。比如，戒毒民警要明确戒毒人员是劳动技能的缺陷，还是学习能力的缺陷，抑或行为习惯缺陷，只有找准问题所在，才能开展针对性训练。二是布置任务。针对戒毒人员存在的某一方面的缺陷，结合其自身的特点，有意识地布置训练任务，使戒毒人员经受锻炼。三是巩固强化。戒毒人员的恶习并非一朝一夕能改正的，在训练过程中可能会出现反复，因此，要经常检查，及时修正，反复巩固，强化效果。

（四）个案矫治

个案是指个别的、特殊的事件或案例。个案矫治是指对戒毒人员个体采取的具有针对性的教育、调适、治疗、干预措施，达到特定矫治目的的专门教育活动。开展个案矫治，一般由一名主管和若干名民警组成个案矫治小组，必要时，心理医生、教育专家、戒毒专家等也可以参加个案矫治小组。通过举行定期或不定期的个案矫治小组会议，就教育矫治对象的评估结论、矫治计划的制订、审查与修改等重大问题作出决策。个案矫治方案包括矫治对象个体情况分析评估、目标设定、步骤措施、注意要点等内容。

学习任务15 分类教育

一、分类教育的概念及意义

（一）分类教育的概念

分类教育是指戒毒矫正机构在对不同类型的戒毒人员给予分类的基础上，将具有共性的戒毒人员集中在一起施以同类的教育方法和内容，从而转变其思想，矫正其行为的一种教育方法。

分类教育既是对戒毒人员进行特殊性教育的一个重要方

法，也是介于集体教育与个别教育之间的一种中间层次的教育形式，发挥着其他教育方法不能替代的特有作用。与集体教育相比，分类教育的范围虽然缩小了，但工作要求更细致，更要体现针对性。与个别教育相比，分类教育虽然着眼于戒毒人员类型，但它通过解决各类戒毒人员同一性质的问题，为戒毒人员个别教育奠定了坚实基础，创造了有利条件。实践证明，只有按照各类戒毒人员的不同特点实施教育，才能有效促进他们矫正。

（二）分类教育的意义

1. 分类教育是科学认识戒毒人员的有效途径

任何事物都具有普遍性与特殊性、共性与个性、一般与个别的特点。对戒毒人员的教育，首先要建立在对他们的科学认识的基础之上，否则，教育具体目标的设置、教育内容的确定和教育方法的选择就不可能科学，教育的目的也就不可能真正实现。因此，仅仅认识戒毒人员的矛盾普遍性是远远不够的，必须把更多的注意力聚焦到他们的矛盾特殊性上，而分类教育正是科学认识戒毒人员特别是不同类型戒毒人员的有效途径。分类教育的开展，要求对不同类型戒毒人员要进行科学的分析，对其吸毒行为、本质、特点、症结，以及他们在戒毒所的思想、心理、行为等特点，有一个明确、具体、全面的认识。这就为矫正教育工作打下了扎实的基础，创造了良好的条件。

2. 分类教育是提高戒毒人员矫正质量的必由之路

在没有开展分类教育的情况下，开展一些共性教育，虽然也能解决戒毒人员在矫正教育中出现的一些普遍性问题，但不能解决某种类型戒毒人员的特殊性问题。实施戒毒人员分类教育，则会使矫正教育方法更加科学、细致。戒毒民警可以从某一类戒毒人员的吸毒原因、实质和危害入手，进行有针对性的矫正教育，集中解决某一类型吸毒人员的共有问题，从而提高吸毒人员矫正质量。

3. 分类教育是提高戒毒民警专业化水平的重要途径

矫正教育工作是一项专业性很强的工作，在新形势下，要做好这项工作，就要提高戒毒民警的专业化水平。而分类教育实践又更为集中地体现了极高的专业化，这也在客观上对戒毒民警提出了应具有较高专业化水平的要求。这种实践需要本身就是推动戒毒民警提高专业化水平的巨大动力。

二、分类教育的特点

（一）科学性

对戒毒人员实施分类教育，改变了以往"大杂烩"式教育方式。实施科学划分，将戒毒人员依据不同的特征划分为不同类型，这个划分标准往往是在查阅相关资料及广泛征询专家意见后进行划分的，具有一定的科学性。与传统的集中教育相比，分类教育往往摒弃"我说你听"的灌输式教育，更加强调互动性，实践中多开展座谈相互交流和划分小组互帮互助，更加强调自我启发，即在戒毒民警的启发下，让戒毒人员针对所学习的内容各抒己见，从而帮助其缓解相应的负面情绪，打开紧闭的心门，更好地融入社会。

（二）速效性

分类教育是专门针对某一类型戒毒人员所实施的教育，它的范围比戒毒人员集体教育的范围小，又是单一类型。同一类型的戒毒人员集中在一起，其共有的思想、心理、行为特征会集中凸现出来，一些专门性和倾向性的问题也会集中暴露出来，这将有利于戒毒民警针对不同类型戒毒人员的特点和问题，及时予以分析，进行有力的矫正和解决，从而体现出见效快的特点。

（三）开放性

在开展分类教育的过程中，要根据戒毒人员的矫正类型、年龄性别、心理状况等，安排不同的教育内容。比如：针对女性戒毒人员必须由女性戒毒人民警察直接管理，并且要加强感性教育与家庭教育；针对一些存在心理问题的戒毒人员，应注重心理疗法，积极开展心理健康教育和心理干预；针对一些复吸的戒毒人员，要加强警示教育等。据此可以看出分类的标准是多种多样的，教育的内容也各有侧重，并不局限于某个特定的模块，这让分类教育具有开放性的特征。戒毒矫正机构就可以根据任何有意义的标准开展相应的分类教育，而任何确定边界的分类都可能影响最终分类教育的意义。

三、分类教育方法

分类方法是分类教育的关键，分类方法是否科学决定了分类教育的效果。分类教育有助于用不同的角度对戒毒人员进行交叉式、多视角教育，提升矫正教育的质量。常用的分类方法有以下几种。

（一）以性别为标准，分为男性戒毒人员与女性戒毒人员

不同性别的戒毒人员差异显著，需要采取不同的戒治措施。从数量上看，女性戒毒人员较男性戒毒人员少，但有上升趋势。国内诸多研究表明，女性戒毒人员在心理、行为、认知等方面表现出特殊性。例如，一项针对80名女性戒毒人员的研究发现，与男性戒毒人员相比，女性戒毒人员的情绪稳定性普遍较低，认知偏激、自卑、多疑、思维刻板、不灵活，自我价值感欠缺，自我不协调，安全感、爱和归属以及自尊的欠缺。[1] 一项针对317名女性戒毒人员的研究发现，女性缺乏社会和家庭系统支持，戒毒人员童年生活不幸的比例高

---

[1] 李冠军、李娜、王晓霞：《浅析女性强制隔离戒毒人员的心理特征与心理治疗》，《中国药物依赖性杂志》，2009年第4期。

达 65%，成年后情感遭遇坎坷或出现婚姻危机的占 36.28%。因家庭社会教育缺失、情感缺失，使她们感受不到家庭和社会的关爱，进而不懂感恩，不懂孝道，不懂爱，更不懂给予与付出，大多比较自私自利，根本不考虑自己的所作所为给别人带来的伤害。①

男性戒毒人员与女性戒毒人员应分类戒治。《司法行政机关强制隔离戒毒工作规定》规定，男性、女性戒毒人员应分别收治，女性戒毒人员必须由女性戒毒人民警察直接管理，并应当依照性别明确分别管理的内容。另外，对特殊类型的女性戒毒人员给予特殊保护。《禁毒法》规定，怀孕或者正在哺乳自己不满一周岁婴儿的妇女吸毒成瘾的，不适用强制隔离戒毒，适用社区戒毒。总之，女性戒毒人员需要与男性戒毒人员分开戒治，并在脱毒、治疗、康复阶段，设计符合女性戒毒人员特征的治疗方案。

（二）以年龄为标准，分为未成年戒毒人员与成年戒毒人员

不同年龄的戒毒人员差异显著，需要采取不同的戒治措施。根据 2019 年中国禁毒报告数据，截至 2019 年年底，中国现有吸毒人员 214.8 万名，18 岁以下 7151 名，占 0.3%。不良心理是未成年人吸食毒品的重要原因，主要表现为强烈

---

① 徐彦：《吉林省女子强戒所女性戒毒人员矫治实践》，《犯罪与改造研究》，2018 年第 8 期。

的好奇心理、盲目的认同心理、追求刺激的心理、无知的侥幸心理。未成年吸毒人员心理特征突出表现为：在认知方面，是非、善恶、美丑不分，对毒品、吸毒、戒毒没有正确认识；在情感方面，悲观、抑郁、焦虑较为常见；在意志方面，吸食毒品、寻找毒品时意志亢进，拒绝毒品、戒断毒品时意志消退；在个性方面，暴躁、敏感、多疑、耐受性差、自信心不足等。我国禁毒法律法规明确了不同年龄的戒毒人员进行分别管理。《禁毒法》第44条第1款规定："强制隔离戒毒场所应当根据戒毒人员的性别、年龄、患病等情况，对戒毒人员实行分别管理。"《戒毒条例》也有类似规定。另外，我国禁毒法律法规对未成年人吸毒行为持宽容、保护态度。《禁毒法》第39条第1款规定："不满十六周岁的未成年人吸毒成瘾的，可以不适用强制隔离戒毒。"需要注意的是，这是一个选择性法律条款，即不满十六周岁的未成年人吸毒成瘾的，也可以适用强制隔离戒毒。对于放任不管或无力监管的未成年人适用强制隔离戒毒，以提高戒毒治疗的针对性。

（三）以身体健康为标准，分为病残戒毒人员与普通戒毒人员

不同身体健康状态的戒毒人员，需要采取不同的戒毒措施。病残戒毒人员是指患有艾滋病、传染性疾病、精神病等特殊疾病及伤残吸毒成瘾人员。众所周知，毒品滥用会严重伤害人体的各种器官和系统,也会极大地提高疾病的传播力，

特别是肝炎、艾滋病等传染性疾病。随着"应收尽收"政策的执行,戒毒场所收治的病残类戒毒人员数量迅速提高。

我国戒毒法律法规强调专门管理病残类戒毒人员。《禁毒法》第44条第1款、第2款规定:"强制隔离戒毒场所应当根据戒毒人员的性别、年龄、患病等情况,对戒毒人员实行分别管理。强制隔离戒毒场所对有严重残疾或者疾病的戒毒人员,应当给予必要的看护和治疗;对患有传染病的戒毒人员,应当依法采取必要的隔离、治疗措施;对可能发生自伤、自残等情形的戒毒人员,可以采取相应的保护性约束措施。"在《关于加强病残吸毒人员收治工作的意见》中,强调加快建立专门收治病残吸毒人员的区域、场所、医疗机构(病区、中心),着力提升戒毒医疗服务能力。对病残类戒毒人员的戒治,既要坚持严格执法,严肃处理伪装病情、自伤自残现象;又要贯彻以人为本,落实关怀和照顾的原则。在戒毒场所中,对患病类戒毒人员要重视病情监测,同时积极开展相应的戒治工作;对残疾的戒毒人员要根据其实际情况,参照戒毒场所管理规范等规定酌情执行。

(四)以吸食毒品种类为标准,分为吸食传统毒品的戒毒人员和吸食新型毒品的戒毒人员

吸食不同类型毒品的戒毒人员,需要采取不同的戒治措施。毒品种类多,范围广,且随着时代、国度、文化、民族及使用者的不同而有所差异。目前,国际上还没有统一的毒

品分类标准。

传统毒品与新型毒品对人体的危害不同。传统毒品主要破坏人体的呼吸、消化以及免疫系统，损害心脏、肝脏、肾脏等器官；合成毒品直接损害大脑细胞，导致神经中毒和精神障碍。对吸食新型毒品的戒毒人员应当采取不同的脱毒、治疗及康复措施，以提高戒治效果。

我国禁毒法律法规明确规定，根据吸食、注射毒品的种类，实施有针对性的治疗及康复训练。戒毒人员吸食不同类型、不同计量的毒品，加之吸毒史的长短不同，对戒毒人员的身体、心理及精神等方面的伤害程度不同，进而戒毒人员的成瘾程度及戒断症状也不相同，需要进行差异化的治疗。《禁毒法》第43条第1款规定："强制隔离戒毒场所应当根据戒毒人员吸食、注射毒品的种类及成瘾程度等，对戒毒人员进行有针对性的生理、心理治疗和身体康复训练。"《戒毒条例》第30条规定："对吸食不同种类毒品的，应当有针对性地采取必要的治疗措施。"《司法行政机关强制隔离戒毒工作规定》第34条规定："强制隔离戒毒所应当根据戒毒人员吸食、注射毒品的种类、成瘾程度和戒断症状等进行有针对性的生理治疗、心理治疗和身体康复训练。"由此可见，禁毒法律法规强调，对吸食不同类型毒品的戒毒人员，采取不同的戒治措施。

学习任务 16　社会帮教

一、社会帮教的概念和意义

（一）社会帮教的概念

社会帮教是指在戒毒矫正机构的指导下，发动各种社会力量，对戒毒人员开展的教育活动。社会帮教是专门机关与群众路线相结合的体现，展现了综合优势。

（二）社会帮教的意义

1. 发挥矫正教育的综合优势，增强戒毒人员矫正信心

矫正戒毒人员仅仅依靠戒毒所自身的力量是不够的，必须是多途径、多渠道对戒毒人员施以综合影响，把所内强制教育与社会上多形式、多内容的帮教活动有机地结合起来，借助政府部门、社会团体、戒毒人员亲属等各方面的力量，群策群力、优势互补。借助社会力量对戒毒人员进行教育，极大地丰富完善了矫正教育体系，体现出了综合优势。同时，多种形式的帮教活动能够使戒毒人员体悟到国家和社会的温暖，直接感受到亲人和社会真诚的关切、殷切的希望，极大地调动矫正积极性，使其在希望中加速矫正。

2. 丰富戒毒人员的精神生活，促进戒毒人员再社会化

社会帮教具有内容丰富、形式多样的特点，戒毒所可以通过文艺演出、座谈会、讲座等形式，开展送温暖、送知识、送技术等不同主题的帮教活动，使戒毒人员及时感受到时代信息、开阔眼界，调节所内单一生活节奏，形成刺激戒毒人员积极矫正的"活力点"。同时，随着对社会的了解及与亲友沟通的加深，也会促进戒毒人员的再社会化。

3. 争取社会的理解和支持，促进戒毒所工作的整体发展

戒毒所的进步和发展离不开社会各方面的支持。通过社会帮教，依靠社会力量矫正戒毒人员，能够增强戒毒所工作的开放性，提高戒毒所工作的透明度，增进社会各方面对戒毒所警察工作的理解，认识到戒毒所人民警察工作的艰苦性、危险性和任务的复杂性、艰巨性，从而促使社会各方面对戒毒所工作给予大力支持，有利于形成全社会支持、参与，全体公民关心、帮助戒毒人员戒治的齐抓共管的新格局，从而推动戒毒所工作全面发展。

二、社会帮教的特点

（一）综合性

吸毒人员的戒治需要在社会多方面积极因素的影响下通过自身完成，这就决定了社会帮教的主体不是单一的，而是多方面的。戒毒所主要承担组织、计划、协调等职能，其他相关社

会力量,如各种社会职能部门、社会知名人士、帮教志愿者、吸毒人员亲属、戒治成功的吸毒人员等,都有帮教责任。

（二）开放性

传统的矫正教育带有较为浓厚的封闭性色彩,社会帮教则是把所内教育与社会教育有机连结起来,从社会大环境中积极寻求对吸毒人员进行教育的有利因素,以增强戒毒人员适应社会的能力。这是教育矫正工作适应新时期社会发展的必然要求,"闭门自教"显然跟不上形势发展的需要。

（三）易受性

即社会帮教容易被罪犯所接受。社会帮教形式多种多样,形象生动,可感性强。例如,邀请公、检、法机关工作人员为戒毒人员答疑解惑,可以使戒毒人员受到启发,安心矫正；邀请社会知名人士来戒毒所帮教,可以使戒毒人员感受到社会的温暖,鼓起新生勇气；利用戒毒人员亲属来戒毒所进行规劝教育,容易拉近教育距离。总之,社会帮教相对于其他教育方法而言,生动直观,可信度高,易于被戒毒人员接受。

（四）实效性

一方面,社会帮教的不少做法能及时解决戒毒人员眼前的实际问题,如婚姻问题、孩子问题、家里老人问题等等,这样更易引发戒毒人员深刻的思想感受,必然也易于收到好的教育效果。另一方面，社会帮教与戒毒人员出所后的后续照管密不可分，这方面的工作做好了，会为巩固戒毒人员矫正成果，为戒毒人员出所后真正重新融入社会打下坚实的基础。

三、社会帮教的方法

（一）亲情帮教

1. 亲情会见

戒毒人员在戒治期间可以会见亲属，在会见过程中可以面对面地沟通、交流。缓解相思之苦的同时，亲属可对戒毒人员进行劝告，鼓励他们早日戒毒。一些戒毒所对戒毒人员的会见方式进行了创新，在原有隔离会见的基础上，又增加了会谈会见、同餐会见、同室会见，还可以进行远程可视会见，为家庭困难路途遥远、不便到戒毒所探望的戒毒人员家属提供了便利。

2. 亲情通讯

亲情通讯主要有通信和打亲情电话两种形式，通信是通过寄送书信的方式来沟通思想，交流感情；亲情电话专供戒毒人员同家人联系使用，是戒毒人员与家人有效沟通的桥梁。亲情电话由专人管理并负责。亲情电话的使用要符合所内规定的程序，并对通话内容进行监听、做好记录。

3. 亲情会餐

亲情会餐是指符合条件的戒毒人员与家属到所内指定的

地点共同就餐。亲情会餐一般都有具体的直接目的，需要提前申请。会餐需要持会见证、身份证，会餐过程中不需要戒毒民警直接介入，但应遵守法律法规和戒毒所的相关规定。通过亲情会餐，让戒毒人员和亲人在会餐时更亲密地接触和交流，达到寓教于乐的目的。

4. 节日感情慰藉

利用春节、中秋节、母亲节等重大节日，邀请戒毒人员亲属到戒毒所共度佳节。通过设立多种活动环节，让戒毒人员充分享受亲情的温暖，体验节日的快乐，坚定矫正的信心。

5. 视频家访

戒毒所派人到戒毒人员家中对其亲属的工作生活进行录像，然后带回戒毒所给戒毒人员播放，以消除他们的疑虑、担心，缓解相思之苦。

6. 离所探亲

按照《司法行政机关强制隔离戒毒工作规定》，准许符合条件的戒毒人员回家探亲。利用戒毒人员探亲的机会，请戒毒人员的家属对戒毒人员进行教育，加快戒毒人员矫正的步伐，促其早日戒除毒瘾。

（二）社会救助

1. 生活救助

对于生活困难的戒毒人员，戒毒所可争取企事业单位、社会团体和热心人士的支持，多方筹措，设立帮扶基金，依法给予临时救助，或联系民政部门，将符合最低生活保障条件的戒毒人员家庭纳入低保；对于子女入学困难的，可以联系教育部门减免学费；戒毒人员遇有政策方面的问题时，诸如申请低保、户口落转、养老保险与失业金申请等，戒毒所可以联系相关部门为戒毒人员提供政策咨询与解答，为戒毒人员解忧济困。戒毒所要支持和鼓励全社会都来帮扶这些社会弱势群体，不断创新生活救助的方式。

2. 法律救助

司法行政部门将对戒毒人员的法律援助纳入计划，在戒毒所建立法律援助工作站，为戒毒人员提供法律咨询、申请法律援助、开展法制宣传，积极有效维护戒毒人员的合法权益，也有利于戒毒人员学法知法，自觉遵守法律法规，主动接受戒毒管理，更加有利于促进戒毒所的安全稳定。

3. 教育救助

对戒毒人员进行文化教育，教育部门可统筹规划，提供师资和教材；对戒毒人员进行职业技术和劳动技能教育培训，戒毒所可与劳动和社会保障部门共同拟定职业技术和劳动技能教育培训项目，制定方案，组织实施，考核合格者由国家认可的相关机构发放职业资格证书；还可以联系公检法司等机关、高校教师、律师、社会知名人士对戒毒人员进行道德、法律、时事政策等方面的教育等。

4. 心理救助

戒毒所可借助社会力量对戒毒人员开展有关心理健康方

面的帮助，包括对戒毒人员进行心理知识教育、心理咨询和心理危机干预等。

（三）戒毒人员外出参观学习

根据矫正教育的需要，选取所内综合表现优秀的戒毒人员，到具有教育意义的所外场所进行参观，比如抗战纪念馆、博物馆、现代企业、历史古迹、烈士陵园、爱国主义教育基地、美丽乡村建设典型等。外出参观的戒毒人员亲身体验党的方针政策的优越和国家、社会的巨大变化，并在回所后与其他戒毒人员交流自己的亲身体会，可以给其他戒毒人员带来深刻的触动，激发其他戒毒人员积极矫正的热情。

（四）戒毒人员汇报自省

1. 口头汇报

在亲属或社会人士来戒毒所会见时，戒毒人员口头汇报自己的矫正情况。汇报的内容主要包括当前的思想情况、戒毒情况和实际困难等，让他们有所了解，以便有针对性地规劝和帮教。

2. 现身演讲

组织部分矫正表现特别优秀的戒毒人员到社会上向党政机关、企事业单位、学校汇报矫正表现，进行现身说法演讲。现身演讲不仅对社会起到警示教育作用，同时对戒毒人员自身思想矫正而言也是一次深刻的洗礼。

3. 书面汇报

组织戒毒人员定期向亲属、社会汇报矫正表现情况，汇报写好后，由戒毒民警在信上签署意见，然后统一寄出。戒毒人员接到亲属、社会的回信，信上的鼓励、安慰、期望，会引起他们深刻的情感共鸣，有利于帮助戒毒人员与亲属、社会建立更加良好的联系，进一步促进戒毒人员矫正。

4. 媒体汇报

制作反映戒毒人员矫正生活成果的视频、微电影、电子邮件、网页、公众号等，以形象、直观、生动的多媒体介质方式，向戒毒人员亲属和社会汇报。在得到社会和亲人肯定的同时，也可以进一步增强戒毒人员积极矫正的信心。

学习任务17　戒毒所文化建设

一、戒毒所文化建设的概念

戒毒所文化建设是指戒毒所以自我理性认识为基础，对自身物质文化、制度文化和精神文化的改造和构建。良好的文化建设将潜移默化地激发戒毒人员矫正信心，促进其人格健康发展，改变其错误的行为模式。

《司法行政机关强制隔离戒毒工作规定》第48条明确规定，"强制隔离戒毒所应当开展戒毒文化建设，运用影视、广播、展览、文艺演出、图书、报刊、宣传栏和所内局域网等文化载体,活跃戒毒人员文化生活,丰富教育形式。"

二、戒毒所文化建设的原则

(一)以人为本

以人为本是坚持一切从人出发,以调动和激发人的积极性和创造性为手段,以提高效率和人的发展完善为目标的观念。戒毒民警是戒毒所文化建设的主导力量,承担着建设、打造场所主流文化的责任。优秀戒毒所文化的构建离不开具有优良职业精神和工作作风、具有责任感和使命感的矫正教育队伍。戒毒人员是能动主体,需要他们积极参与、融入戒毒所文化建设中。因此戒毒所文化建设要以人为本,注重发挥和调动戒毒民警和戒毒人员的积极性和创造性,激励他们主动参与,促进他们自觉认同,共同构建优秀戒毒所文化。

(二)统筹兼顾

在戒毒所文化建设中,应坚持系统思考,统筹兼顾,正确处理精神文化、制度文化、物质文化之间的关系,既要保持各层次文化在根本价值上的一致性,又要保持各层次文化在建设过程上的协调性。避免实践中碎片化、零星式的倾向。仅仅将文化建设停留在表面,将文化建设等同于环境布置、文娱活动,往往效果不佳。

（三）继承创新

中国传统文化中的很多价值观念都深深植根于现代社会，并潜移默化地影响着我们的一言一行，如爱国主义的民族精神、自强不息的进取精神、尊老爱幼的孝悌观念、仁者爱人的民本思想等。戒毒所文化建设要立足中华优秀传统文化，认真发掘传统文化的精神宝库，引导戒毒人员养成良好的道德品质。在继承传统文化的基础上，还要秉承创新的理念，积极开展戒毒所文化建设理论研究，不断总结规律和经验，将矫正制度在改革过程中法治化、科学化、社会化发展的理念凝练呈现在戒毒所文化建设中。同时，要避免千篇一律，千所一面，要立足不同戒毒所工作实践，凝练文化理念和核心价值，体现创新和独特性。

三、戒毒所文化建设的内容

（一）戒毒所物质文化建设

1. 完善戒毒所硬件环境

戒毒所建设要符合《强制隔离戒毒所建设标准》等法律法规的规定，符合戒毒所的功能定位，从当地的实际情况出发，与经济、社会发展相适应，达到安全、坚固、适用、经济、庄重的标准。戒毒所选址除符合城市建设总体规划要求外，还需符合交通便利、市政设施完善、通风良好、日照充足等条件。戒毒所还应内部功能分区合理，基础设施完备，卫生条件良好，具有审美价值。

2. 建设富有文化内容的设施

配齐教室、演播室、图书阅览室、陈列室、文体操场、宣传栏和荣誉室等场所，通过场所硬件承载文化内容。

3. 设计戒毒所文化标识

强制隔离戒毒所标志是场所视觉形象的核心，统一标准、意义明确的标志标识，可以充分体现建筑属性，展示场所文化，便于公众识别。

（二）戒毒所制度文化建设

1. 法治化

习近平总书记在中央全面依法治国工作会议上指出，只有全面依法治国才能有效保障国家治理体系的系统性、规范性、协调性，才能最大限度凝聚社会共识，强调要坚持在法治的轨道上推进国家治理体系的治理能力现代化。法治化目标要求实现戒毒所工作的制度化、规范化和程序化。一是要健全完备戒毒所法律规范体系。将戒毒所管理、教育矫正、医疗卫生、安全稳定、智慧戒毒、队伍建设等各项工作均能以宪法为依据纳入法律规范体系中加以调整，实现制度管人。二是健全高效的法治实施体系。法律的生命和权威均来自于有效的实施，需从严格执法、全员守法等方面完善司法行政监所法治实施体系。三是健全严密的法治监督体系。从"法律监督"发展到"法治监督",多元监督主体、丰富监督内容,使动态性、整体性、有序性成为法治监督体系的主要特征,通过法治监督营造公平、公正、文明的执法环境以及和谐的矫正环境。四是健全有力的法治保障体系,包括政治保障、科技保障、人才保障、财政保障等内容。

2. 科学化

科学是反映人类对自然、社会和思维的理性认识的知识体系,是人们自觉遵循客观规律、探索真理性知识的特殊认识与实践活动。科学技术对矫正的认识和实践的影响日益深入,包括对戒毒人员的认识、对矫正活动客观规律性的认识和对矫正技术方法的认识等,出现了一大批知识形态的认识成果,推动了以科学循证为基础的矫正组织结构与制度建设。科学研究表明,毒品成瘾是慢性复发性脑疾病。戒毒所要积极探索并遵循戒毒康复规律,围绕增强戒毒决心和信心,提升戒毒人员抗复吸能力,要以降低复吸率为工作目标,不断创新戒治载体,丰富戒治内容,探索戒治方法,建立完善的集生理脱毒、身体康复、心理康复、行为养成、生活技能培训、社会支持系统于一体的综合戒治体系。

(三) 戒毒所精神文化建设

精神价值层面的文化往往是潜在的、无形的,但这些无形的价值理念又深刻地影响着有形的存在,并反映在有形的物质层面上。如建筑、雕塑等,均成为文化的表现形式。无形的戒毒所文化是"魂"或者"神"，而有形的戒毒所文化是"体"或者"形"，戒毒所文化建设，必须形神兼备。戒毒所精神文化建设是对价值层面文化之"魂"的提炼，是文化最核心的内容。

1. 鲜明独特的共同价值观

在戒毒所精神文化建设中，提炼和形成的共同价值观，具有核心地位和导向，凝聚及生化作用。实践中，戒毒所可以结合社会主义核心价值观，总结、提炼场所与工作目标、愿景、使命一致的核心理念，运用文化载体宣传展示，通过主题辩论、征文、知识竞赛与技能比武等活动渲染升华。例如，湖南省司法行政戒毒系统提炼了"崇法、唯实、尚爱、笃行"的系统精神和"知难克难、敢为有为"的局训，大大加快了场所建设步伐。[①]

2. 良好的戒毒所警察形象

戒毒所警察形象是全体戒毒警察在长期的司法行政执行实践中，通过职务行为在社会和矫正教育对象心目中建立起来的总体印象。戒毒所警察形象的好坏直接关系到戒毒所的工作能否达到预期的效果，能否得到社会公众对戒毒所的理解、支持和信任。树立良好的戒毒所警察形象需要做到以下几点：

一是要有正确的政治方向。政治方向是否正确是检验戒

[①] 龙桂芳等：《强制隔离戒毒场所文化建设的探索与实践》，《中国药物滥用防治杂志》，2017年第1期。

毒所警察为谁执法、为谁服务的根本标志。只有在政治上、思想上同党中央保持高度一致，保持忠于党、忠于人民、忠于祖国的政治本色，才能忠实地履行宪法、法律赋予的神圣职责。

二是要培养戒毒所警察核心价值观。开展"忠诚、为民、公正、廉洁"的政法干警核心价值观教育实践活动，使戒毒所警察有坚定公正的价值追求，坚守廉洁的职业操守，严格遵循警察职业道德，培育其优良的职业精神和工作作风。

三是要公正文明执法。以文化养成为目标推动法治文化的落实，通过岗位培训、执法检查等手段，严格规范执法行为，准确把握执法标准，明确工作要求和职业纪律，在日常管理、教育、奖惩、生产劳动等执法环节中体现科学文明，逐步养成自觉依法行使职权的行为习惯，营造和培育崇尚公平、正义的场所法治氛围。

3. 积极向上的矫正风气观念

可以通过多种手段和途径去创造和形成戒毒所环境中的积极向上的矫正风气。良好的矫正风气一旦形成，就能在潜移默化中激发戒毒人员的改造热情，引导其涵养文明礼仪，学会勤俭节约，懂得崇德尚义，知道守法自强。矫正风气的形成不能依赖强制，而是通过环境熏陶、榜样示范等方式来达到目标，需要在教育内容和教育形式上不断创新。可以通过以下路径营造积极向上的矫正风气：

一是激发戒毒人员的参与热情。充分尊重戒毒人员在场所文化建设中的主体地位，及时向他们公开相关信息，广泛征求意见、建议，满足他们的文化需求，激发他们主动参与文化建设的积极性和创造性，使他们在参与中受到熏陶和教育，切身感受到戒毒所文化建设的益处，确保戒毒所文化建设的各项措施落到实处。

二是拓展戒毒所文化阵地。通过组建文化角、论坛、沙龙，以及文学、艺术、绘画、书法和摄影等兴趣小组、协会，运用"互联网＋"思维，借助网络、微信、微博、电子图书和网络阅读等新媒体，深入开展读书、宣讲、座谈、讨论、文娱、体育、宣誓、典礼、仪式和文明创建等活动，营造浓厚的场所文化氛围。

三是重视推进戒毒所文化多元共建。既要引入专业文化传播公司或专业人员策划、组织场所文化布置、文化宣传、文化活动，还要加强对外文化宣传，扩大社会影响，共享社会资源、共担社会责任。实现戒毒所文化与社会文化的开放互动、有效融合。

【任务考核 4-1】

戒毒人员何某，1978年9月出生，中专文化，湖南人，离异，因吸毒被公安机关决定强制隔离戒毒两年。于2019年1月进入湖南省坪塘强制隔离戒毒所进行强制隔离戒毒。该员入所后情绪低迷、沉默寡言、意志消沉，在习艺劳动时屡屡消极怠工，对教育矫治工作麻木冷淡、拒不配合，乃至多次散播消极厌世的言论。经调查了解发现,何某中专毕业于建筑专业,近年来长期从事建筑工程承包工作,即民间俗称的"小包工头"。2015年,何某与湖南某建筑公司签订了某建筑项目程泥工工程承包协议,带领多个工人班组参与工程建设。2016年下半年,施工大部分完成后,项目方遭遇资金链问题,工程被迫停工,何某及旗下的工人班组被拖欠劳务报酬和工程款达约100万元。为了维护工人利益及安抚工人情绪,何某利用个人积蓄及房产抵押贷款先行垫付了工人工资,但随后自身多次追讨工程款均遭搪塞,直至2017年下半年,项目方公司宣布进入破产程序。何某缺乏足够的法律意识,自觉追偿无望,受此打击之下一蹶不振、情绪消极,开始生活放纵,并在此期间沾染上了毒品。其妻子发觉何某染上毒瘾后多次劝说无果,与何某办理了离婚手续,何某由此愈发消沉,产生了强烈的厌世倾向,直至因吸毒被警方抓获。

针对何某的情况,戒毒所对其采取了以下教育矫治措施:

(1)心理危机干预。大队心理咨询师与何某进行谈心对话,鼓励其倾诉自身的事业与家庭受挫经历,讲述自己染毒的历程,耐心地倾听并了解了何某内心的焦虑苦闷以及他的心理需求。同时,大队心理咨询师也根据该戒毒人员心理危机的个性特点以及基本情况提出了针对性措施,有效地缓解了该戒毒人员的厌世情绪,并使大队民警与其建立了初步信任关系。

(2)同伴帮教关怀。大队民警安排了同样同为宁乡籍且年龄相仿的叶某、张某等与何某接触，其中张某更是有与何某类似的事业失败后生活放纵染毒的经历。大队民警安排叶、张二人在生活中对何某多进行关怀。何某起初对于二人的关心十分消极漠然，但由于与张某相似的经历，而在交谈中找到了共鸣，从而逐渐收起了自己的心理防线，并与二人建立了同伴情谊，性格逐渐摆脱孤僻，参与习艺劳动及矫治教育的热情也随之明显提高。

（3）协调亲情修复。大队民警通过电话方式与何某的前妻及兄长取得了联系，介绍了何某入所以来的一些情况，并进一步向他们解释说明了家庭支持对于戒毒人员成功戒治的重要性，获得了他们的支持。在大队民警的牵线下，何某通过亲情电话与其兄弟及前妻分别通话，其兄长表示了对何某的鼓励以及对他事业上的支持，其前妻也表示虽然夫妻感情破裂、离婚已成事实，但并不影响其与子女的血缘关系，她依然期待何某能戒治成功重回正轨，在未来的日子里给子女们扮演好父亲的角色。何某也当即表明了自己的戒治决心，表示会在出所后努力弥补对子女的伤害与亏欠。来自兄弟与前妻的鼓励让何某坚定了自己的戒治信心，对戒治工作的态度有了明显改善。

（4）引入法律援助。针对何某个人经历的特殊性，找准其因被拖欠工程款而导致事业受挫这个症结，联系法律援助部门为其提供法律援助。通过普法工作让何某认识到追讨并非无望，何某被强制隔离戒毒并不影响其追讨工程款的追诉期,且其可以通过授权委托方式请代理人处理相关事宜。何某在获得法律援助并获知这些讯息之后十分感动,配合法律援助工作人员完成了证据收集、委托关系办理、债权申报等事宜,委托其兄长作为代理人参与破产案件,成功追回了被拖欠的工程款及劳务报酬94万余元,有效保障了自己的法律权益。由此,何某彻底放下心结,主动配合戒治工作,积极参与各项矫治教育活动,各方面行为表现良好。

请问,在对何某的矫正教育中,包含了哪几种教育矫正的方法?还可以做些什么?

【任务考核 4-2】

戒毒人员李某,43岁,离婚,高中文化程度,浙江人,2017年2月因吸毒被当地公安机关行政拘留,同年11月因吸毒成瘾被当地公安机关决定社区戒毒三年。2018年2月6日,因吸毒受家人举报被当地派出所现场抓获并最终决定执行强制隔离戒毒两年。李某系家中独子,父亲因病早逝,母亲一人抚育李某长大。李某和家人关系较好,其母亲十分溺爱,始终觉得儿子还小,会见时经常以"宝宝"称呼,无论李某如何犯错,母亲都满怀希望。这次是他第四次接受强制隔离戒毒,在戒毒所戒治期间,其思想情绪低落、毫无戒治动力和方向,曾多次产生消极抵触想法。由于从小受宠,性格霸道、内心狂妄,易与其他戒毒人员争吵打架,经大队民警多次批评教育,效果均不明显。

请问,戒毒民警可以采取哪些方法对李某进行教育矫正?

【拓展思考】

(1)什么是集体教育?对戒毒人员开展集体教育有何意义?

(2)集体教育的方法有哪些?

(3)什么是个别教育?对戒毒人员进行个别教育有何意义?

(4)个别谈话有哪几种?适用中各应注意哪些问题?

(5)对戒毒人员开展社会帮教有何意义?如何开展?

(6)戒毒所文化建设的内容都包括什么?

实训项目3 讲评教育技能训练

一、实训目标

学生通过模拟实训,学会制定讲评教育方案,具备开展讲评教育的能力。

二、实训要求

(1)讲评教育的内容要集中,语言表达要准确、精炼。

（2）熟知相关的法律法规、戒毒管理规定和条例。

（3）讲评教育必须遵循实事求是的原则，做到"言之有理"。

三、实训条件和素材

（一）实训条件

理实一体化教室。

（二）实训素材

戒毒人员陈某某每次打饭都过多，经常造成浪费，近日，戒毒所打算利用讲评教育时间，由戒毒民警在戒毒人员中围绕"厉行节约，反对浪费"这一主题，开展讲评教育。

四、实训方法和步骤

（1）教师讲解（介绍实训步骤、注意事项、进行任务分配）。

（2）阅读准备好的实训案例。

（3）根据实训需要将学生分成若干小组。

（4）对案例中所提供资料进行分析、扩展。

（5）小组讨论案例中的主题可以从哪些方面展开。

（6）制定有针对性的讲评教育方案。

（7）开展具体的讲评教育。

（8）指导教师进行点评总结，每组学生根据教师的点评总结找出不足。

五、实训考核

（1）总结训练成果，写出训练心得体会。

（2）指导老师进行讲评，并评定训练成绩。

实训项目4　个别谈话技能训练

一、实训目标

学生通过模拟实训，具备对戒毒人员开展个别谈话的能力。

二、实训要求

（1）学会制定个别谈话的方案。

（2）学会对案例中的资料进行整理、分析。

（3）学会个别谈话技巧。

（4）总结影响个别谈话的因素。

三、实训条件和素材

（一）实训条件

一张办公桌、两把椅子，准备戒毒人员坐的凳子、几本法律书、一根警棍、一副手铐、一部对讲机，桌上摆放警帽，帽徽朝外。

（二）实训素材

张某，37岁，大专学历，离异，与其母亲与儿子一起生活。入所当天，张某情绪极其激动，歇斯底里地大喊大叫，"我没罪！你们都是干什么的！凭什么抓我！凭什么关我！"无视场所规定，无视大队民警，不配合大队检查与管理，甚至击打墙壁与铁门，一直处在自我失控状态。一直大吵大嚷，不与任何人正面交流，情绪波动极大。大队干警24小时在其身边值守，防止发生意外情况。

四、实训方法和步骤

（1）教师讲解（介绍实训步骤、注意事项、进行角色分配）。

（2）阅读准备好的实训案例。

（3）根据实训需要将学生分成若干小组。

（4）对案例中所提供资料进行整理、分析。

（5）小组讨论案例中张某存在的问题。

（6）制定有针对性的个别谈话方案。

（7）模拟个别谈话实训演练。

（8）指导教师进行点评总结，每组学生根据教师的点评总结找出不足。

五、实训考核

（1）总结训练成果，写出训练心得体会。

（2）指导老师进行讲评，并评定训练成绩。

项目五
入所教育与出所教育

【学习目标】

知识目标：掌握入所教育和出所教育的概念、内容。

能力目标：具备开展入所教育和出所教育的能力。

素质目标：具备忠诚敬业、履职尽责的职业道德，具备认真负责、耐心细致的职业精神。

【案例导入】

抓好戒毒人员入所期的管理教育是落实推进戒毒工作规范化建设的第一道关口。某强制隔离戒毒所从戒毒人员入所教育起，围绕教、复、桥、信，上好入所教育第一课，为教育戒治工作顺利开展打牢基础。

注重"教"。强戒所制定了《新入所戒毒人员教育计划》，有计划有步骤地组织戒毒人员学习《戒毒条例》《戒毒人员权利义务告知书》等内容，认真学习所内管理、教育、生产、卫生有关规定；以大处着眼，细微处入手，狠抓戒毒人员行为养成，从起床、整理内务、就餐、学习、队列训练、文明礼貌等方面狠抓戒毒人员日常行为规范。

着力"复"。根据戒毒人员身体健康状况，实行差别化训练，开展广播操、慢跑、队列训练，加强戒毒人员体能康复；大队民警与每名戒毒人员进行认真细致地谈话和思想摸排，掌握基本情况和戒治动向，及时消除不稳定因素；心理咨询师通过心理评估了解戒毒人员的性格特点和心理健康状况，制定有针对性的心理矫正方案，开展团体心理辅导，集中进行教育疏导和诊断矫治，保障戒毒人员健康戒治。

架戒"桥"。及时与戒毒人员的家属取得联系，搭建沟通的桥梁，为戒毒人员早日戒除毒瘾争取到亲情支持。在戒毒人员入所三日内，准时向其家属寄送入所通知书；对戒毒人员家属未及时回函、答复以及本省籍戒毒人员入所一个月无亲属会见的，通过各种方式与其家属取得联系，或联系地方公安部门查清原因。

重建"信"。重点围绕"文明、诚信、友善"，加强戒毒人员对社会主义核心价值观的思想认同和内心归属，在宿舍、走廊悬挂励志标语、灯箱，让戒毒人员受到启发和教育；通过学习经典、讲读典故、联系实例，开展"明理诚信"主题活动，教育他们把遵纪守法、诚实守信意识转化为行为自觉。[①]

学习任务 18　入所教育

一、入所教育概念

入所教育是指强制隔离戒毒所接收戒毒人员之后，为帮

---

① 陕西省司法厅，sft.shaanxi.gov.cn/cfxz/jdgz/23468.htm

助他们尽快熟悉场所环境，适应戒毒所生活而进行的以戒毒常识教育、戒毒相关法律法规教育以及心理适应教育等为主题的专项教育活动。

入所教育是强制隔离戒毒的"第一堂课"，同时也是戒毒人员在戒毒转变中的一个起点，更是戒治教育工作的奠基石。通过入所教育，要实现以下两个方面的目标：一是全面了解戒毒人员的基本情况，初步掌握其思想、行为和心理特点，把握其对违法和矫正的态度，为戒毒矫正全面教育奠定基础。二是组织开展学习，使他们尽快适应戒毒矫正教育特殊的生活环境，顺利进入转化思想、矫正恶习的阶段。入所教育在完成生理脱毒后进行，时间不少于1个月。

二、入所教育的内容

（一）角色认知教育

如何正确认识和对待"强制隔离戒毒人员"这一角色，是每个戒毒人员入所后必须面对的首要问题。同时，树立正确的角色意识也是戒毒人员遵规守纪，自觉接受教育矫治的前提和基本要求。所谓戒毒人员角色意识，是指戒毒人员在接受强制性戒毒教育矫治期间，应该持有的与其现实法定身份相一致的观念和行为准则。其核心是要确立与矫治场所处境相吻合的完整的权利义务观。戒毒人员的角色，要贯穿于强制隔离戒毒的全过程。对一个戒毒人员来说,增强角色意识,树立正确的戒毒观念是十分重要的。

（二）戒毒法律法规、所规所纪教育

学习《中华人民共和国禁毒法》《戒毒条例》以及《司法行政机关强制隔离戒毒工作规定》《强制隔离戒毒人员守则》，学习强制隔离戒毒所所规所纪。帮助戒毒人员了解强制隔离戒毒工作的性质、目的、内容、法律效力以及在所期间的权利义务，明确矫治目标和方向。这项教育内容，可以帮助戒毒人员尽快熟悉戒毒法律法规、所规所纪，明白怎么做一名合格的戒毒人员。对于年龄大和文化程度低不识字的戒毒人员，干警要单独进行辅导，确保逐人掌握。

（三）戒毒常识教育

传授禁毒戒毒基本知识，帮助戒毒人员了解毒品的特性和危害，了解我国的戒毒体系、戒毒基本流程，树立戒毒信心，提高参与戒毒的自觉性和主动性。组织戒毒人员学习肝炎、艾滋病、性病等传染病预防知识，学习所内集体生活所需要的卫生常识，帮助戒毒人员养成良好的卫生习惯。

（四）行为养成教育。

组织队列训练，开展内务卫生和所内文明礼仪习惯养成教育，增强戒毒人员组织纪律观念、集体观念，培养自觉遵守文明礼仪的意识和习惯。通过行为养成教育培养戒毒人员的吃苦耐劳精神，强化戒毒人员的身份意识、规矩意识、劳动意识，进而塑造气质、改变形象，形成思想积极向上，精神阳光健康的良好戒治氛围。帮助戒毒人员以崭新的精神面貌，迎接未来两年的强戒生活。

（五）心理适应教育

戒毒人员生理脱毒后，面对新的环境、新的生活，以及生理上受到戒断反应的影响，都会出现不同程度的负面情绪和不适应的心理特征。针对戒毒人员生理脱毒心理不稳定的情况，需要进行正确的引导、疏通和调适，从而帮助戒毒人员调整心态，适应环境，这也是入所教育的主要内容。

三、入所教育的组织实施

（一）入所评估

戒毒所要负责组织专门的民警对新入所戒毒人员进行入所评估。一是通过对新入所戒毒人员戒治难度、危险程度、毒瘾深浅、健康状况、个性特点等进行心理"体检"，建立戒毒人员入所诊断评估信息库，为分流和戒毒大队常规管理、教育戒治及医疗康复提供较为科学的心理学依据，也为全面掌握戒毒人员心理状况，对有心理问题的做到早发现、早预防、早制定针对性个体教育矫治方案奠定基础。二是注重危险甄别，确定危险程度级别。戒毒所医院、管理科、入所大队、教育科、心理咨询室、医院等业务科室，应按照各自职能分工，通过体检、查档、谈话、外调、心理评估等手段，及时掌握新入所戒毒人员身体、家庭、职业、社会交往、经济状况，心理、行为、言行特点及成长经历、认知能力、现实表现等，填写《戒毒人员危险甄别登记表》，建立新入所戒毒人员档案，再召开相关业务科室全体人员参加的新入所戒毒人员危险甄别会，确定新入所戒毒人员危险程度及重点戒毒人员级别，为其日后管理、医疗和教育戒治、身心康复提供科学依据。

（二）入所谈话

积极开展入所教育谈话，针对不同人的问题与情况，制定不同的谈话方向和策略，全面核实新收治戒毒人员身份信息，全面系统掌握戒毒人员的思想动态和心理健康状况，确保入所戒毒人员情绪稳定，教育引导戒毒人员坚定戒毒信心，顺利融入戒治生活。

（三）入所教育课程

通过开展每日课堂教育，让戒毒人员认识到毒品危害，提升法律知识、道德文化素质水平，组织背诵戒毒誓词、习艺劳动技能培训、写"一封家书"、拟一份戒治计划等教育矫治活动，进一步丰富戒毒人员的文化生活。利用班会时间组织学习《戒毒条例》《戒毒人员行为规范》《戒毒人员诊断评估办法》等，让他们学习并掌握自己所应遵守的行为准则，懂得什么可以做什么不可以做，认清自己享有的权利和义务，为戒治工作筑牢基础。

针对新入所的戒毒人员往往不了解场所规定、纪律意识差、作风懒散等特点，开展专项行为养成训练。主要通过内务训练、队列训练、礼仪训练、康复训练使新入所戒毒人员改掉在外养成的懒散作风和种种陋习，逐步养成纪律严明、规范有序的戒治作风。

（四）考核验收

入所教育期满，应对新入所罪犯进行考核。考核工作由教育科和入所收治大队共同负责。一是采用笔试综合测验，对入所教育课程中的心理健康、权利与义务、戒毒模式、疾病防治、法律法规、行为养成、安全教育等方面的内容进行综合考核。二是开展康复训练比赛，从戒毒人员整体的精神面貌、康复关节操、基本的队列动作等方面对康复训练成效进行考核。三是对戒毒人员必唱歌曲和应知应会的掌握情况进行考核，通过齐唱必唱歌曲和抽背《国旗誓词》《强制隔离戒毒人员行为规范》《戒毒人员守则》等内容分别进行。经过考核合格的戒毒人员分流至各戒毒大队，继续戒毒康复。

学习任务 19　出所教育

一、出所教育的含义

出所教育是强制隔离戒毒所对于即将出所的戒毒人员进行的一次巩固戒治成果的总结性工作，以及教育学员如何适应社会的专门教育。出所教育时间不少于一周。

出所教育是戒毒人员隔离执行的最后一个阶段，可以对前面的入所教育、康复教育的效果进行检验，并进一步深化教育康复功能，使得戒毒人员利用此阶段学会更多再社会化的能力，进而解除隔离后成为一名守法公民，防止复吸。因此，出所教育是衔接强制隔离戒毒所与社会的桥梁，要想搭建好这座"桥"，必须全方位、专业化地开展出所教育。

二、出所教育的主要内容

（一）总结教育

引导戒毒人员实事求是、全面地总结过去矫治生活中的成绩和存在的问题，拟定出所后工作、生活的规划。组织戒毒人员从法制观念、思想道德、文化技术、戒毒情况四个方面开展自我总结。

（二）形势政策教育

临近出所的戒毒人员因入所时间长，对外界了解不多，对出所后的一切都感到无助，尤其是不知道怎么去融入社会。因此，此阶段要对他们进行形势和政策教育，帮助他们了解自己将要回归的社会环境，让他们了解党和国家为解决民生问题所采取的一系列惠民政策，唤起他们对党的政策的理解和对现实的认同感。

（三）社会适应教育

社会适应教育是在戒毒人员即将彻底恢复普通公民的身份、正式回归社会的前提下而进行的，其目的是使戒毒人员正确认识自己、他人、环境和社会，确保出所后能够选择正确的行为，更好地适应社会，有效应对和处理出所后生活中的各种需要和挑战。一是帮助戒毒人员树立追求幸福生活的信心，引导他们正确面对挫折与挑战。二是开展公民道德教育、家庭责任教育、社会责任教育、遵纪守法教育，让他们相信法律、遵纪守法，扮演好社会角色、家庭角色，把自己的一切行为都规范在法律、法规的框架内，正确选择自己的行为。三是正确对待和处理工作、生活、社会交往等方面遇到的困难和问题，学会处理人际关系紧张等社会排斥现象，建立和谐、稳定的人际关系，较好地适应社会环境。

（四）回归社会前心理辅导

该教育的目的是了解戒毒人员矫正初期和结束时的心理变化情况，进一步强化健康心理的形成，辅导戒毒人员做好正式回归社会的心理准备，以积极的心态投入社会。回归社会前心理辅导的主要内容：一是对戒毒人员进行回归前的心理调查，进一步评估其复吸风险。二是进一步强化心理卫生和心理健康方面的基本知识，让他们学会自我控制、调节自己的情绪，建立积极情感、和谐人际关系和良性意志品格。

（五）防复吸教育

"一日吸毒，终身戒毒"，戒毒之难更多地在于回归社会后的操守保持，而"毒友"的引诱又是导致解戒人员复吸的最高危因素，为此，在出所教育阶段应当对即将出所的戒毒人员开展防复吸教育。戒毒民警可以根据戒毒人员社交特点设计场景，设置主题，以角色扮演模拟社会情景的方式，开展动态情景模拟防复吸训练。训练中，戒毒人员在民警的引导下自行组织角色分工和台词准备，通过活灵活现的现场表演和民警的补充建议，让戒毒人员体验面对毒品诱惑时的心理变化，及时归纳总结，摸索并掌握出适合自己的拒毒防毒应对方法，为化解心瘾问题和重新适应社会做好充分的"应战"准备。

（六）就业指导

就业指导教育的目的是使戒毒人员树立正确的择业观，了解就业形势，掌握应聘技巧，提高戒毒人员回归后的就业率，增强其谋生的能力，预防复吸。就业指导的主要内容：一是进一步加强就业观教育。让戒毒人员认识到在目前激烈的就业竞争中，要尽快实现就业，首先自己要摆正位置，正确树立自己的人生目标，客观看待自己，不要好高骛远，凡事量力而行。二是在日常教育基础上围绕当前的就业形势、应聘技巧、自主创业等方面，继续开展培训教育。让戒毒人员了解就业招聘的基本要求和自主创业的基本方法，掌握应聘与沟通的基本技巧。

三、出所教育的组织实施

（一）出所教育课程

教育管理部门需视情况制定详细的、有现实意义的教育计划，并按照计划实施出所教育工作，召开出所教育动员大会，明确纪律要求。出所教育课程主要有：法律法规教育、形势政策前途教育、解戒人员安置知识、婚姻家庭与社会交往知识、劳动就业知识、心理调适与健康教育等。戒毒民警在组织开展集中课堂教育授课的同时，还应采取集中、分散教育等多形式的规范化训练。

（二）出所谈话

出所谈话是戒毒民警从即将出所的戒毒人员的戒治实际出发，与戒毒人员进行面对面的交流思想观点、解决其思想和实际问题的一种教育形式。戒毒民警应当及时对每一名即将出所的戒毒人员进行出所前的个别谈话教育，使其做好出所准备。出所谈话不等同于日常的教育谈话，它有更为明确的针对性和目的性。在出所谈话的内容上，戒毒民警要充分考虑戒毒人员的吸毒情况、家庭背景、成长经历、矫正表现、心理评估状况等因素，侧重和戒毒人员谈出所后就业谋生问题和适应社会能力等问题，以便使戒毒人员出所后不至于复吸，巩固戒毒所教育矫正成果。

（三）回归宣誓

回归宣誓是戒毒所为了进一步巩固戒毒人员的教育矫正成果，在戒毒人员出所教育中举行的一种"出所仪式"和"毕业典礼"，是出所教育的一项基本制度。通过宣誓活动，使戒毒人员在解除强制隔离戒毒后，能够保持积极向上的心态，重启新的人生，增强他们的幸福感、归属感，使他们在今后更加坚定恒心和毅力，从而真正做到远离毒品，过幸福美好的生活。

戒毒所要制订回归宣誓计划方案，要确定回归宣誓的时间、地点、参加人员等，保证回归宣誓规范有序地进行。戒毒人员出所的回归宣誓内容应该规范、科学,要体现国家对戒毒人员出所后的基本要求和殷切希望。语言要简洁易懂,让戒毒人员能够听得懂、学得会、记得住。例如,山西省某戒毒所的回归誓词为:"在重返社会、回归家庭之际,我郑重宣誓:铭记教诲,信守承诺,珍爱生命,认清毒害,坚定意志,远离毒品,以报答亲人和社会对我的关爱,立誓健康生活,融入社会,重新拥抱幸福人生。"通过回归宣誓,使戒毒人员受到潜移默化的约束和教育影响。

（四）出所评估

出所评估是针对即将出所的戒毒人员开展的评估工作,是对其戒治期间的教育矫正状况、效果、质量进行考查与分析的评价活动,是全面检验戒毒人员矫正教育效果的一个重要环节。评估内容主要包括以下四个方面:

(1) 出所后复吸的趋势评估。出所人员的吸毒历史越长、复吸次数越多,则出所回归社会后,重新进行复吸的可能性就越高,在针对即将出所戒毒人员的量表评估中可以进一步从复吸次数、反社会情绪等各个方面进行概念操作。

(2) 适应心理状况评估。适应心理状况评估主要是在戒毒人员解除强制隔离后,对重新复吸的倾向性相关心理因素进行综合性的评估和诊断分析。

(3) 隔离教育康复状况评估。根据往年的调查数据显示,出所教育阶段表现好的,重新复吸的可能性就越低,而表现差的，复吸的可能性就越大。因此，在强制隔离期间没有改造好的戒毒人员构成了重新复吸的高发群体。

（4）道德素质评价和社会适应状况评估。解除强制隔离的戒毒人员道德水平素质的低下是其复吸的重要原因，戒毒人员由于被强制隔离，长期与外界隔绝，社会适应能力相对较弱，再加上就业、生活等受到来自社会各方面的歧视和不理解，这些因素的综合作用都促使戒毒人员走向复吸的道路。因此，对戒毒人员道德素质的评估以及社会适应状况的评估是非常有必要的。

出所评估可以通过以下方式进行：安排理论知识考试，结合戒毒人员特点制作理论知识测验卷，检验戒毒人员教育戒治成果；进行出所心理测试，通过SCL90综合心理测验方式，把握戒毒人员心理动态和心理健康；组织出所体侧，考核戒毒人员速度指标、灵敏指标、力量指标、耐力指标、柔韧指标，对戒毒人员身体素质进行综合评定。

对强制隔离戒毒期限届满且经诊断评估达到规定标准的戒毒人员，应当解除强制隔离戒毒。经诊断评估，对于需要延长戒毒期限的戒毒人员，由强制隔离戒毒场所提出延长戒毒期限的意见，报强制隔离戒毒的决定机关批准。强制隔离戒毒的期限最长可以延长一年。

（五）后续照管的衔接

戒毒回归人员失控问题一直是影响社会稳定的因素。为此，强制隔离戒毒所必须将帮教工作的关口前移，环环紧扣，确保每一个戒毒回归人员都能及时接受社会帮教。主要抓好出所前后四个环节的帮教工作。

（1）加强出所教育，做好思想准备。强制隔离戒毒所要在戒毒人员在所戒毒的后期开展有针对性的教育，使每一个戒毒人员都能深刻认识生理上的毒瘾易脱，心瘾难戒。所内无毒环境使戒毒人员容易保持戒毒决心，但所外有毒环境对他们的考验却仍旧十分严峻，既要自己有决心，也需要他人的帮助，因此要做好戒毒人员出所后接受社会帮教的思想准备工作。

（2）严格规范衔接工作的程序。强制隔离戒毒所要在戒毒人员回归社会之前，告知其户籍所在地或决定强制隔离戒毒的公安机关，由公安派出所告知当地安置帮教机构及其家属，落实帮教责任人，并与其家属签订《共同帮教协议书》。家属凭协议书到强制隔离戒毒所办理出所手续，并带领出所戒毒人员到居住地派出所报到。

（3）落实责任，及时开展帮教工作。戒毒人员出所报到后，由帮教责任人与其签订帮教责任书，明确双方的权利和义务，及时开展具体的帮教工作。另外，必须加强对重点戒毒回归人员的衔接管控。对于在强制隔离戒毒所期间戒毒表现较差、有对立情绪的戒毒人员，要严格做到"无缝对接"，将人员、档案、思想状况及现实表现等信息交接清楚。交接后，针对戒毒回归人员的具体情况，制订有针对性的帮教计划，并落实到实际的帮教工作中去。

（4）建立外出戒毒回归人员的网络体系。流出地安置帮教机构要在摸排外出戒毒回归人员去向的基础上，与流入地的安置帮教机构签订《委托帮教协议》；若有关部门有组织地安排戒毒回归人员外出务工的，要在外出务工人员中建立帮教组织或明确专人承担帮教的任务；流入地安置帮教组织要通过与本地外来人口暂管中心、公安派出所、劳务公司等涉及外来人口管理的单位建立和完善情况通报和信息反馈机制，排查甄别外来戒毒回归人员。同时，还要通过安置帮教工作的联络员和信息员，从出租屋房东、用工企业处了解信息，进行排查甄别，最大限度地将外来戒毒回归社会人员纳入帮教安置渠道，尽最大努力减少不稳定因素，使其保持戒毒操守，做守法公民。

【任务考核 5-1】

戒毒人员左某，女，1980年生人，初中肄业，经查患有梅毒、乙肝以及陈旧性肺结核。左某在其女儿5岁时因丈夫外遇离异，现其女儿14岁，和年近70岁的母亲生活在一起。左某入所前在洗浴中心打工，每周回家一次和母亲女儿团聚，自己的收入是家里的主要经济来源。2016年9月2日左某因在社区戒毒期间再次吸食毒品被强制隔离戒毒。入所当日，左某因体检被查出患有梅毒情绪激动，与前来押送的办案人员产生语言冲突。当时，办案人员履行完手续准备将其移交戒毒所，左某坐在地上哭喊道"自己是被冤枉的"之类的话，办案人员在劝说过程中手臂被抓伤。鉴于左某激烈的情绪反应，民警没有马上将其带入戒治区，考虑到左某空腹体检一直没吃饭便通知食堂准备一份饭菜，然后又让本队民警带一套队服来。因为左某只穿了一件薄单衣，另外多一名民警可以加强安防。半个小时后左某情绪趋于平稳押送人员准备离开，左某又是一阵大喊大叫："你们不能走，必须带我回去，要不然我就不活了！"民警借机告诉她在戒毒所同样有申请行政复议的权力，而且民警都具备一定的法律专业素养。然而，当左某进入戒治区进行完人身安检、基本信息登记，准备让其本人核对签字时，她一把将笔掰断塞入口中，民警立即将其控制，但她仍企图挣脱控制并用力将头和身体朝向侧墙方向。

请问：针对左某的情况，如何对其开展入所教育？

【任务考核 5-2】

戒毒人员叶某，女，1982 年 2 月出生，离异，无固定工作，2020 年因吸毒被强制隔离戒毒 2 年，此次是其第二次被强制隔离戒毒。

叶某成长于一个经济宽裕、关系和睦的家庭。父母对其较为溺爱，发现其吸毒后又对其进行严格限制。曾出售多套房屋，帮其还高利贷。后因结交吸毒男友而走上复吸道路。2019 年为获取毒资与前夫领证结婚，父母得知真相后，即与前夫终结婚姻关系。其两次入所戒治均为父亲报案。

入所以来，叶某表现较好，人际关系融洽，身体情况良好，能完成生产指标。父母均已退休，每月定时接见。近月来，叶某不由自主地担心出所后的事情，且焦虑失眠，反复体会到莫名的恐惧不安，导致心力交瘁，食欲下降，曾试过自我调节，但仍无法摆脱，主动向心理咨询师求助。

其自述一直盼着早日出所，经诊断评估自己提前解除强制隔离戒毒，特别开心。但是，现在却突然十分恐慌。因为她担心自己在戒毒所将近两年的时间，外面的一切都变了，回去之后不知该如何生活，该怎样面对亲人、朋友，尤其担心出所后父母会不会对自己严加看管，会不会因为压抑而再次复吸。

请问：针对叶某的情况，如何对其开展出所教育？

【拓展思考】

（1）入所教育和出所教育的意义是什么？

（2）入所教育和出所教育与日常教育的区别有哪些？

（3）如何组织形式多样、内容丰富的出所教育？

实训项目5　回归宣誓活动组织实施技能训练

一、实训目标

通过训练使学生具备组织回归宣誓活动的技能。

二、实训要求

（1）学会制定回归宣誓活动方案。

（2）学会回归宣誓活动的介入实施，即学会如何开展回归宣誓活动。

三、实训条件和素材

（一）实训条件

理实一体化教室、回归宣誓誓词、国旗。

（二）实训素材

某戒毒所拟组织即将出所的戒毒人员 20 人参加回归宣誓活动，请你拟定一份活动方案，并模拟组织回归宣誓活动。

四、实训方法和步骤

（1）教师讲解（介绍实训步骤、注意事项、进行角色分配）。

（2）根据实训需要将学生分成若干小组。

（3）小组讨论制定回归宣誓活动方案。

（4）开展模拟的回归宣誓活动。

（5）指导教师进行点评总结，每组学生根据教师的点评总结找出不足。

五、实训考核

（1）总结训练成果，写出训练心得体会。

（2）指导老师进行讲评，并评定训练成绩。

项目六
几种特殊强制隔离戒毒人员的矫正教育

【学习目标】

知识目标：了解不同类型戒毒人员的特点和教育对策。

能力目标：具备为不同类型戒毒人员开展教育的能力。

素质目标：具备忠诚、担当、奉献的政治品质；爱岗敬业、履职尽责的职业道德和以人为本，全心全意为人民服务的精神。

【案例导入】

戒毒人员顾某，女，1992年生，高中文化，上海人。顾某出生于上海普通工人家庭，深受父母宠爱。15岁放弃考入师范院校就读的机会，成为时装模特，并在圈内小有名气。四年后，因为厌倦娱乐圈的生活和环境，转行成为一家外企的业务主管，刚出职场就展露出惊人的销售天赋。2011年，因年少无知结识吸毒男友，而染上毒品。长达十年吸食海洛因，令她将多年来所有的积蓄、首饰和房子全部变卖，靠借钱维持生计。曾经先后尝试自愿戒毒17次（住院和在家里自戒），因戒毒不成自杀三次。2021年顾某母亲报警将其送进了戒毒所。

针对顾某的情况，戒毒所民警采取了以下矫正教育措施：

一、修补亲情裂痕，深化戒毒动力

（一）设立中转，吐故纳新

顾某的入所戒毒经历一直是她心中的痛，平时不愿流露，但其内心深处对母亲的怨恨一直没能消除。在入所初期，她的母亲频繁与主管民警了解女儿的戒治情况。警官在和顾某建立信任关系的基础上，将母亲这些"善能量"的话语进行"加工"，在适当的时机与场合向其思想灌输，充分发挥了"中转站"重要作用。母亲内心最深处的想法得到了有效的传递，双方僵硬的关系从根本上开始有所软化。

（二）旁敲侧击，呼唤渴望

由于常年吸毒，顾某的性格由从前的外向乐观，变成如今的内敛封闭，内心深处情感浓郁，但缺乏主动表达的冲动。民警巧妙利用各类节日契机，开展亲情和责任教育活动，进行"亲情对话"交流会，邀请家庭关系融洽的戒毒人员亲身讲述，并开辟大队"家的温度"亲情书信墙，定期更新张贴戒毒人员与家人的温情书信，循序渐进中，激发顾某对于温暖亲情的渴望。

（三）偏航扭正，主动出击

纵观顾某的家庭关系，她的家人从未因其吸毒，甚至是多次复吸的行为而放弃她，对于她的戒断保持着最后一丝拯救的希望，即强制戒毒。在一系列引导式教育后，顾某在一次接见中没有再与母亲发生争执，并在听到母亲的期望式回答，"我不会放弃你的，只要你把毒戒了，你还是我那个骄傲的女儿"后向母亲表示会积极寻找真正能使得自己戒断的途径。由此可知，她在所内的针对性亲情教育中，逐步摆正了其担当家庭责任的位置，这将成为其化解家庭误会、强化亲情价值观的关键。

二、强化个别教育,提升戒毒能力

(一)认识毒害,健康同步

针对顾某入所后的健康状况,在强化开展毒品危害性教育的基础上,开展"吸毒后你有哪些身体变化"大讨论,控诉毒品对身体伤害性和精神致幻性,使之从内心深处憎恶毒品、排斥毒品,甚至恐惧毒品,实现戒治积极心态的转变,形成正确认识——毒品不仅给自己的身体造成损害,更导致自己拒毒能力降低,以致根本无力与毒品的诱惑抗争,从而有勇气与之划清界限。

(二)调适心理,完善人格

数十年的吸毒史使原本开朗外向的顾某变得敏感多疑,健全的人格也在毒品的腐蚀下伤痕累累。在日常个别教育中,民警注重暖心关怀、贴心关注,为她搭建起心理重塑的平台。通过"触摸真实的自我""我的情绪我做主"等一系列团询活动,顾某的个性在积累中发生着点滴变化。此外,她也逐渐学会将活动中感悟的道理和方法灵活运用到日常实际生活中,自身的知识与能力得以提升,人格不断修复,社会适应能力也得以显著提高。

(三)挖掘自我,找寻价值

鉴于多年的模特经历,顾某在舞蹈艺术上有着超出他人的优势,民警以此充分挖掘潜能和闪光点,全面提升她在戒治生活过程中的存在感。一方面鼓励顾某加入春节联欢的表演团队,在排练节目的过程中,顾某的能力得到了充分展现,压抑多年的艺术天赋也得以释放；另一方面，平易温和的性格也让她在胜任组室长工作中游刃有余。顾某的戒治生活变得不断充实起来，她以小事为起点，从养成一种好的习惯开始，一步一个脚印做自己可以做的事，逐步实现了对毒品和"毒友"的"依赖转移"，尽最好努力实现自我价值。[1]

学习任务 20　未成年强制隔离戒毒人员的教育

一、未成年强制隔离戒毒人员的概念

未成年强制隔离戒毒人员是指吸毒成瘾严重，通过社区戒毒难以戒除毒瘾，在强制隔离戒毒场所进行强制戒毒的未成年吸毒人员。

二、未成年强制隔离戒毒人员的特点

（一）对毒品的危害性认识不足

调查结果显示，未成年吸毒人员对毒品、毒品危害、吸毒违法性认识中，大部分人都知道是毒品，而只有少部分的人知道毒品的危害，对毒品的违法性更是极少数人知道。由

---

[1] 材料源自中国法律服务网"司法行政（法律服务）案例库"。

此可见，未成年戒毒人员对毒品的认识是模糊的，对吸毒行为的违法性更是不了解、不知道。未成年戒毒人员的吸毒行为与对毒品的无知及对吸毒行为的盲从有直接的关系。

（二）行为养成差，自我控制力差

大多数未成年戒毒人员没有接受良好的家庭教育和学校教育，社会化过程不是缺失就是接受了错误的社会化，因此表现在行为上不愿受约束，没有良好的行为习惯，缺乏自我控制能力，易冲动，经常违规违纪，极端自私，常为一点小事争吵打架，有的为了达到自己的目的甚至不惜暴力对抗管理。

（三）好奇心重，可塑性强

这个时期青少年心理不稳定，好奇心重，喜欢新奇事物及表现奇特，是非辨别能力不完善，易冲动，以挑战规则来表现自我，从而易突破正常轨道，染上吸毒行为，并难以自拔。但是由于毒龄短，中毒程度浅，所以有很大的教育矫治空间。

（四）表现欲望强，集体观念差

在未成年戒毒人员中独生子女所占的比例很大，他们在家庭中被娇生惯养，过分强调自我，劳动中讨价还价，集体生活中标新立异，在所内高消费，讲排场，张扬"个性"。自我表现欲望受到妨碍时，很容易导致抵触、对抗情绪，顶撞民警。

三、未成年强制隔离戒毒人员的教育

（一）加强毒品知识教育，充分认识毒品危害性

从脱毒期开始，就要强化未成年戒毒人员对毒品危害性的认识，让他们从心灵深处惧怕毒品，达到"不敢吸"。教育内容：（1）系统地认识毒品。将毒品知识教育纳入教学计划，通过印发宣传教育读本、组织专题讲座等形式，让每一位未成年戒毒人员都了解毒品的属性、致病原理、成瘾机理。（2）直观地看到危害。通过集中学习典型案例、开展真人真事教育、张贴宣传挂图、民警系统讲解等方式，将吸毒造成的家破人亡、精神分裂、寿命缩短、暴病猝死、人性泯灭、亲情丧失、诱发犯罪等严重危害充分地展示在戒毒人员面前，让他们的思想受震撼，进而从内心深处产生对毒品的恐惧。

（二）强化行为训练，养成良好习惯

行为训练不仅是一种管理手段，也是一种教育措施。在强戒所对未成年戒毒人员开展行为训练具有独特优势。行为训练可以从以下三方面开展：一是通过纪律约束提高自控能力。采取所规队纪训练、列队科目训练、半军事化管理、集体行动、板块移动，使令行禁止内化于心，促使他们在遇到任何选择时首先考虑后果，不冲动、不盲动，进而学会管理自己的情绪。二是通过训练养成匡正行为习惯。落实《戒毒人员一日行为规范》，组织学习《弟子规》，开展行为养成

竞赛,让积极的言行不断重复和强化,使之养成知礼节、有礼貌、知感恩的好习惯,进而外化于行,主动配合戒毒。三是通过拓展训练弥补人格缺陷。抓住未成年戒毒人员群体的心理特点,经常开展有较强针对性的团体活动,如信任摔背、快乐传球、齐心协力跑等心理运动项目,帮助他们体会团结互助,体验团队的力量,寻回自尊自信,进而支持戒毒行为。

(三)开展技能培训,掌握一技之长

让未成年戒毒人员在所内掌握一技之长、增强谋生本领,是防止复吸的重要手段。一方面,多渠道组织职业技能培训。在培训机制上,除了所内自行办班,还要与社会上的职业技术学院合作,形成联合办学机制,定期开办各类培训。在项目设置上,要以市场需求为导向,根据未成年戒毒人员不同的兴趣爱好、性格特点、从业基础,开办简单易学、周期短、实用性强的培训项目,实行"菜单式"选学。通过培训,不仅使他们真正学到一门手艺,而且能获取相关资格证书。另一方面,要用足用活用好国家政策。利用国家对戒毒人员参加职业技能培训、出所后从事相关工作出台的优惠政策,积极与社会保障、民政等部门协调,解决好师资、费用、安置等具体问题,拓展技能培训平台,加大职业技能教育工作力度,建立就业培训基地,形成从场所到企业的直通车,让戒毒人员得到无缝的后续照管。

(四)加强亲情教育,落实帮教工作

未成年戒毒人员由于年纪轻,离开家庭、亲人、失去自由,易产生孤独感、被遗弃感,从而渴望得到家庭、亲人和民警的关爱。未成年戒毒人员知识水平低、辨别能力差,世界观、人生观等各种观点尚未形成,依附心理极强,因此把强戒所民警看做命运的主宰者、希望的寄托者。这就要求我们民警要身体力行,以身示范,坚持在管教中落实"三像"政策,即像父母照顾孩子,像医生照顾病人,像教师教育学生一样去教育未成年戒毒人员,加强亲情教育。同时,戒毒所民警应和未成年戒毒人员家庭及社会力量签订帮戒协议,重视亲人对未成年强戒人员的规劝工作。通过家属来所探访、视频会见、亲情电话、亲情会餐和设置亲情倾诉室等形式,让未成年戒毒人员与其家人相互交流,表达情感,弥合心灵创伤。同时主动协调当地社区、街道、公安、民政等部门,定期沟通信息,及时通报情况,力所能及地帮助解决未成年戒毒人员在处理家庭关系上遇到的问题,实现帮教工作社会化。

(五)强化同伴教育,传递积极影响

未成年人通常愿意听取年龄相仿、知识背景、兴趣爱好相近的同伴、朋友的意见和建议。因此,要利用未成年戒毒人员的趋众倾向,开展参与式的同伴教育,形成积极的同伴影响。具体做法:一是同伴例会。以组为单位每周组织一次例会,由学员自行组织,只要不偏离戒毒这个主题,不预谋违法犯罪,谈论什么都可以。民警不参与、不干涉、不指导,给学员充分的自由空间。二是同伴调整。每周在组与组之间调整一到两人,使这个松散的组织不断有新鲜血液流入。三是同伴外延。定期邀请期满出所人员或者戒毒成功人士来所,以"曾经的同伴"特殊身份现身说法,民警只联系、不参与,只组织、不指导。通过开展同伴教育,使未成年戒毒人员在活动中去感悟、去体会积极的情感和文化,培养积极的、良性的互动、互助群体。

学习任务 21　女性强制隔离戒毒人员的教育

一、女性强制隔离戒毒人员的概念

女性强制隔离戒毒人员是指吸毒成瘾严重、通过社区戒毒难以戒除毒瘾、在强制隔离戒毒场所进行强制戒毒的女性吸毒人员。

二、女性强制隔离戒毒人员的特点

(一)吸毒成因方面

女性往往由于好奇、同伴影响、感情受挫、受教育程度低和减肥等具体情境吸毒①，同时，由于家庭或者社会生活挫折，许多女性企图通过吸毒寻找寄托、缓解心理压力、摆脱无助或者追求"时尚"生活。②有学者指出，婚姻和感情的问题是引发女性情感缺失、情绪悲观甚至冲动吸毒的重要原因。③

（二）行为特点方面

女性的易感性常常使她们在别人的唆使下吸食毒品，甚至贩毒。④许多研究都指出女性首次吸毒往往都是与性伴侣或者家人一起，受同伴特别是亲近的人影响较大。⑤

（三）身体危害方面

女性吸毒后精神病性、躯体性、强迫和抑郁都要显著高于常人，心情苦闷、缺乏自尊、悲观失望、敏感、多疑、无安全感和信任感、情绪冲动、缺乏信心和对社会的归属感都

---

① 赵子慧等：《女性吸毒人员的吸毒因素、社会化状况及应对措施》，《中国药物依赖性杂志》，2005年第1期。
② 王祎：《浙江省女性吸毒人员调查分析》，《中国人民公安大学学报》，2008年第6期。
③ 郭秀丽、姜峰：《87例劳教吸毒人员心理健康水平分析》，《中国健康心理学杂志》，2010年第3期。
④ 佟新：《女性违法犯罪解析》，重庆出版社，1996年。
⑤ 同①。

使得吸毒女性脆弱不堪。[①]女性一旦吸毒成瘾比男性成瘾要强一些，治疗的困难也大一些，女性同时患有其他精神疾患的概率也会高一些。

（四）社会支持方面

女性戒毒人员囿于社会地位和传统思维模式，往往表现出对家人、朋友关系的珍视以及对情感联系的在乎。如果家人、朋友能够对戒毒者有足够的关注以及鼓励，将会有效提升其戒治效果。

三、女性强制隔离戒毒人员教育

（一）纠正错误毒品认知、强化认知教育

据调查，女性戒毒人员普遍对毒品的毒害认识不清，她们不认为所吸食的毒品有毒，特别是对新型毒品认识不够，总觉得吸食新型毒品并没有像吸食传统毒品的感觉和戒断反应，就否认自己已经形成"心瘾"，进而否认自己吸毒成瘾的事实，这也是导致她们复吸率居高不下的一个原因。因此，要对她们强化认知教育。一是向女性戒毒人员宣讲戒毒常识和法律常识。以《毒品的生理危害》《毒品的心理危害》《毒品的家庭危害》《毒品的社会危害》《毒品的违法性》等系

[①] 郭秀丽、姜峰：《87例劳教吸毒人员心理健康水平分析》，《中国健康心理学杂志》，2010年第3期。

列课程教学活动，使戒毒人员彻底认清毒品危害性。同时，强化所规所纪教育、明确身份权利和义务，在强调尊重戒毒人员人权，保护其生命权利的基础上，使其主动、自愿接受所内各项教育活动。二是开展禁戒毒宣传教育。通过明确国家的禁戒毒方针和目的，介绍所内具体的戒毒流程和诊断评估标准，使戒毒人员了解戒毒工作，特别是对以人为本、科学戒毒、综合矫治、关怀救助戒治原则的理解，强化她们在尊重自我、挽救自我的基础上，树立戒毒信心，提高从"要我戒"到"我要戒"的动力。三是鼓励女性戒毒人员撰写吸毒史和生活史，启发她们对毒品的认知，提高戒毒的主动性。这是一种自我反思的过程，也是她们消化理解戒毒理念的过程，更是将心动内化为行动的过程。

（二）重视文化知识教育和职业技术教育，提升其生存能力

文化知识水平的高低直接影响到人们分析、判断和解决问题的能力。女性戒毒人员的文化水平普遍较低，因此，要加强女性戒毒人员的知识技能教育，通过各种层次的文化知识教育，消除她们的愚昧，使她们掌握一定的自然科学知识和社会科学知识，提高其思维能力和认知水平，使其真正成为有一定知识修养的遵纪守法公民。除了对女性戒毒人员进行文化知识教育外，还要加大职业技能培养的力度，提升社会谋生本领，这是防复吸的基本保障。结合女性特点和市场

需求，开设家庭服务员、中医理疗按摩、电子商务、美容、美发、美甲等培训项目，在理论培训学习的基础上，运用职业技能培训基地开展技能操作训练，帮助女性戒毒人员设计职业生涯规划，增强创业意识，制订创业计划，实施就业指导。建立职业技能培训实习基地，同时与社会劳动保障部门积极联系，开展职业技能鉴定，实施就业指导，为女性戒毒人员重返社会铺设回归之路。

（三）引入关爱教育，促进自我成长

首先，广泛开展女性生理健康教育、心理健康教育，普及健康知识，举办女性健康卫生讲座，传授正确的生活方式，引导女性戒毒人员关心自我身心健康，关注自我生命价值，激发她们积极的心理和向上的人生态度。其次，引导女性戒毒人员从关心自我出发，关心身边的人，关心世界上所有人，关心动植物，关心人类创造的物质世界，关心知识和学问。根据女性身心特点，开展广场舞、健美操、瑜伽、太极、唱歌等文娱活动，开办美术、音乐、书法、读书、礼仪、刺绣、服装设计等兴趣小组，引导女性戒毒人员关心自我。在妇女节、母亲节、儿童节等时间节点举办特色教育活动，教育女性戒毒人员用劳动报酬感恩回馈家人，引导关心家人。组织关爱困难戒毒人员子女的帮扶活动，唤起情感共鸣。通过团体辅导、文体竞赛、集体生活等，让女性戒毒人员学会关心他人，改善人际关系，促进再社会化。

项目六 几种特殊强制隔离戒毒人员的矫正教育

（四）构建女所文化，增强教育效果

结合女性戒毒人员特点，遵循客观戒治规律，契合女性柔美、细腻、坚韧等特点，探索推进富有女所特色的戒毒文化建设。首先，可以在物质文化上，选取花草、小动物等作为标志物，选取红、紫、黄等相对鲜艳一点的色彩，建筑风格凸显一些"柔"性元素，在外部形象上展示女性化特征。其次，要在精神文化层面上，总结提炼女性精神和文化核心。例如，湖南省白马垅强制隔离戒毒所运用蝴蝶蜕变新生象征女性吸毒人员戒毒历程，将"蛹动—破茧—化蝶"对应急性脱毒、身心康复和回归适应三个阶段，打造蝶美、蝶韵、蝶舞等特色品牌，引导戒毒人员积极参与到文化建设中来，共同营造温馨的氛围，实现以文育人、以文化人、以文促发展。

（五）重视亲情帮教，弥补情感缺失

以重建社会支持系统为目标，积极联系女性戒毒人员家属，开通"亲情热线"，拍摄亲情互动视频短片、视频家书。通过戒毒人员书写忏悔书、感恩书、决心书、戒治感悟等向家人汇报个人戒治情况。通过召开亲情家属联谊会，同女性戒毒人员家属签订《帮戒协议》，通过三方配合、多方联动，发挥亲情感召优势，帮助女性戒毒人员恢复自信，再建情感地带，提升戒毒意愿。

学习任务 22　病残强制隔离戒毒人员的教育

一、病残强制隔离戒毒人员的概念

病残强制隔离戒毒人员，是指由强制隔离戒毒场所收治的，患有艾滋病、心脏病、尿毒症、传染病等严重疾病和吞食异物自伤自残的吸毒成瘾严重人员。

二、病残强制隔离戒毒人员的特点

（一）身体状况差，学习劳动能力差

病残强戒人员，他们因长期吸食毒品，对身体和精神均造成了影响，呈现出患病种类多、病情较重、病情进展恶化较快等特点。病残强戒人员中个别长期卧床，有的长期住院，处于反复抢救治疗的危重状态。较差的身体状况，使得这部分戒毒人员在参加学习和日常等活动中的难度加大，学习和劳动能力受限，成为组织培训和生产劳动的最大"瓶颈"，难以安排合适的劳动岗位。有的病残强戒人员生活不能自理，甚至连学习也不能正常参加。

（二）心理脆弱，意志消沉

病残强戒人员的思想，常处于强烈的自我封闭和严重的自我否认之中，心理畸形扭曲，不愿自我外漏。缺乏自信，同时对身边的事物又过分敏感、疑神疑鬼、神经质。在孤独、自扰、苦闷及自卑的心境下，偏激对待事物。存在人格障碍者占相当比例。

（三）精神孤独，渴望被关注

病残强戒人员内心通常有较强的孤独感，他们因身体状况，不善于主动融入周围的环境，在人际交往方面也显得比较谨慎，内心有较强的孤独感。但他们又渴望与人交流，得到别人的关心和尊重，害怕被人忽视，这就使他们平时的语言和行为之间存在较大的反差。他们一方面总是强调自己与周围人之间的不和谐，另一方面又总是用一些意想不到的甚至过激的言行来引起周围的人的注意。

（四）思想僵化，矫治难度大

病残强戒人员绝大多数因身体缺陷，自闭感较重，心理扭曲失衡，抑制甚至仇视健康人。因长期受疾病的困扰，其内心深处始终处于渴望健康又无法改变现状的错综复杂而又极其矛盾的心态之中，表现为心灰意冷，缺乏矫治动力。这些人普遍对外界事物冷漠，习惯原有的思维定势。

三、病残强制隔离戒毒人员的教育

（一）注重感化教育

病残强戒人员的情感丰富且复杂，受暗示性强，对外界发生的事情容易将其影射到自己的身上并进行比较，引起情绪波动，当他们情绪产生变化时，管教民警要认真观察，及时了解其内心的思想动态，给予充分的关心和帮助，促进其戒治。

病残强戒人员因为身体存在疾病缺陷，所以要正确看待病残强戒人员的习艺劳动问题。处于发病期的戒毒人员不宜参加生产劳动。对易兴奋的病残强戒人员可以适当安排简单的劳动帮助其稳定情绪。对有抑郁症状的病残强戒人员应鼓励其参加适度的集体劳动，帮助其提高兴趣和生活信心。对处于恢复期的戒毒人员，可组织参加适量的、复杂程度相对较高的劳动，以利于社会功能的恢复。

同时要从解决其实际困难入手，为其排忧解难，实施感化教育。比如收治病残强戒人员大队的生活、管理、急救设施的设计要充分考虑病残强戒人员的疾病治疗、康复活动、日常生活需要，体现关怀体恤病残的人文精神。宿舍应建有无障碍通道、病残人员专用的卫生设施。监控设备、应急救护、身体康复、安全防护等设施应齐全。室内外的色彩、采光、景观、绿化等布置应适当柔和协调，让人无压抑感，营造安静、安全、温馨的环境。

（二）加强兴趣爱好培育

病残强戒人员大都没有兴趣爱好，加之每天空闲时间长，他们的戒治生活将会非常难熬和乏味，久而久之便会衍生出很多消极思想。因此，为丰富病残强戒人员的戒治生活，加强教育的时效性，戒毒所可在病残强戒人员中以固定的作息安排，开展书法、绘画、太极拳、刺绣、乐器等兴趣爱好培训班，可在他们当中开展中国儒家文化、佛教文化教育，可在他们当中常规开设唱歌、讲故事、读报等特色班，使病残强戒人员的教育内容丰富而又符合其需求，教育手段多样而又富有成效。

（三）强化亲情教育

亲情是每一名戒毒人员戒治生活的精神支柱，这一支柱一旦坍塌，戒毒人员的戒治就会非常的艰难，对于病残强戒人员来说更是如此。戒毒所要充分运用好亲情要素，在安全与合法前提条件下，为病残强戒人员创造条件开展好亲情教育。亲情要素包括亲情寄语、亲情电话、亲情短信、亲情信件、亲情会见、亲情会餐与亲情帮教等。戒毒所可制定病残强戒人员亲情教育实施办法，来加强对病残强戒人员的亲情教育，使病残强戒人员在戒治生活中能时刻感受到亲人对他们的关心、关爱、期望和鼓励，增强亲情获得感，从而增强戒治的信心与勇气。

（四）重视心理健康教育

病残强戒人员戒治时的思想与心理压力是可想而知的。因此，戒毒所必须加强对病残强戒人员的心理健康教育。一是要制订具体的心理健康教育计划，定时开展对病残强戒人员的心理健康教育；二是对思想心理问题突出的病残强戒人员，要安排专门的心理咨询师，开展好个体心理咨询和心理危机干预，进行有针对性的心理辅导和矫治；三要针对病残强戒人员在不同时期普遍存在的心理问题，开展心理团体辅导，促使他们对心理健康的认知，增强心理活力，提高心理健康水平；四要做好对精神病戒毒人员的心理治疗，注重对精神病戒毒人员的病情跟踪，掌握他们的发病规律，适时开展好病情救助与医治。

学习任务 23　多次复吸强制隔离戒毒人员的教育

复吸也称复发吸毒，是指吸毒者在经过戒毒治疗后，又开始使用脱毒前所依赖的毒品的行为。《2021年中国毒品形势报告》显示，戒毒人员复吸人数远超同年新发现的吸毒人数。当前高复吸率给戒毒矫治工作带来巨大挑战。

一、多次复吸强制隔离戒毒人员的特点

（一）悲观心理明显

"一日吸毒，终身戒毒"的思维模式定格后，大部分"多进宫"戒毒人员再次进入强戒所时，会失去戒断毒瘾的坚定信念，自暴自弃、得过且过，认为自己无药可救，终日混天度日、精神空虚、无所事事。

（二）自责心理突出

很多"多进宫"戒毒人员在所内戒毒期间信誓旦旦不再碰毒品，回归社会后又走上复吸的道路，再次回到戒毒所，他们对亲人、家庭产生自责、愧疚的心理尤为强烈。

（三）逃避心理严重

"多进宫"戒毒人员走向社会后没有正当职业，表现为不思进取、慵懒涣散。复吸之后再次入所也无所谓。他们对戒治管理制度、生活环境和管教方法都比较熟悉，不能正确对待劳动康复，消极戒治。

（四）孤独心理共生

"多进宫"戒毒人员由于长时间吸毒而放弃了原先的理想和抱负，整天追求和沉迷于各种幻觉之中，抛弃亲情友情，也逐步被亲情友情抛弃，生活无助茫然，产生焦虑、抑郁、

孤独等心理状态。

（五）仇视心理并存

"多进宫"戒毒人员常年与新老毒友相伴，情感缺失，往往产生仇视社会的心理。他们将自己吸毒的原因归咎为社会大环境的影响。有的仇视家人，认为是家人没有教育好、管教好；有的仇视管教民警，认为自己是受害者，不服现在的戒治现状。

二、多次复吸强制隔离戒毒人员的教育

（一）夯实五大教育，开展综合教育，全面提升文化素养

不管初次入所者，还是多次入所戒毒人员，其文化素养、理解能力和社会背景千差万别，其不同的世界观、法治观、道德观以及不同的受教心态、身体素质，决定着对他们对教育内容的定位和层次也不尽相同[①]。为此，夯实五大教育，开展综合性教育，全面提升戒毒人员的文化素养就显得尤为必要。具体措施包括以下几个方面：一是常态化开展思想政治教育。对"多进宫"戒毒人员定期开展思想政治教育，提高其思想政治觉悟和政治素养，重塑其歪曲和不良的人生观、

---

① 杨鹏：《论可视文化在戒毒场所教育戒治中的运用路径》，《中国监狱学刊》，2020 年第 5 期。

世界观和价值观，让其成为一个对社会有价值的人。二是常态化开展文化教育。通过开展文化教育，提升"多进宫"戒毒人员的综合文化素养，让其掌握更多的道德、伦理、人文、社会和法律方面的知识，从道德、伦理和法律角度约束自己的思想和行为。三是常态化开展认知能力教育。常态化开展认知思辨能力教育能够让"多进宫"戒毒人员遇到问题不容易钻牛角尖，让其看问题的方式不再片面和偏激，能够以更加全面和多维的视角去分析问题的原因，并能够利用自身建构的知识体系去探寻有效解决问题的方式，而不再像以往一样选择简单粗暴的、消极的方式，甚至采取"破罐子破摔"的极端行为（复吸）去解决问题。四是常态化开展心理健康教育。健康和乐观的心态在戒毒人员的戒毒矫治过程中起着非常重要的作用。定期为"多进宫"戒毒人员开展心理健康教育，促进其形成良好心理健康状态，让其遇到挫折或困难时，能够以积极和乐观的心态去解决和应对，而不采取负面消极的行为方式去解决。五是重点开展毒品危害教育。提高"多进宫"戒毒人员学习的可视性，借助可视文化建设载体，增加毒品危害教育戒治的覆盖面和时效性，让其深刻认识到毒品对于自己身体、家庭和社会关系的危害。六是综合运用矫正教育的方式和方法。在戒毒矫治过程中要持续综合运用个案矫治、个别化教育、集体教育和小组教育等方式和方法，提高对"多进宫"戒毒人员的矫正教育效果。

（二）改善社会支持，修复家庭关系，重构社会支持系统

反复的吸毒行为在不同程度上破坏了戒毒人员的社会支持系统，因为家人反复受伤害导致对立甚至放弃，朋友的疏离、婚姻关系的破裂等情况使得戒毒人员在强制隔离戒毒期间和回归社会时无法获得理解、接纳和关怀，容易导致其心理上产生失落、不满情绪，甚至自暴自弃，走上复吸的道路。通过改善戒毒人员的社会支持，修复其家庭关系，重构其社会支持系统，对于预防其再次复吸具有重要的促进作用。具体的措施包括以下几个方面：一是戒毒管理部门、地方政府、社区康复指导站工作人员和志愿者常态化组织开展线上和线下相结合的社会帮扶、家属学校和家庭治疗活动，可以有效帮助提高"多进宫"戒毒人员的戒毒信心，让其充分感受到来自家人和社会的关爱。二是鼓励"多进宫"戒毒人员在各项戒治活动、教育学习和习艺劳动过程中积极表现，主动争取参加亲情会见、家属学校和家庭治疗的机会。针对"多进宫"戒毒人员不良夫妻关系和家庭不良互动模式，定期组织开展系统性家庭治疗，改善和修复其婚姻家庭和亲子关系。三是运用个别谈话或心理咨询或小组座谈的方式让"多进宫"戒毒人员去学会感恩和回忆过往的有价值和有意义的事情，唤醒其积极的情感、对家人的感恩、戒毒信心和动力，获取能够帮助自己戒毒的资源。

（三）加强职业培训，改善"多进宫"戒毒人员回归后的就业状况

戒毒前无职业比有职业的戒毒人员对高危情境的识别能力更差、拒毒技能更弱、心瘾唤醒程度更高、情绪调控能力更差、社会支持水平更低、戒毒信心更少、复吸风险更高。因此，加强技能培训，改善"多进宫"戒毒人员就业状况有利于预防"多进宫"戒毒人员再次复吸。解决出所戒毒人员就业状况差的问题，要从以下几个方面展开：一是组织戒毒人员开展霍兰德职业倾向测试（Self-Directed Search）[①]，探寻适合戒毒人员就业的方向并对其进行指导，有针对性地开展职业技能培训。二是从认知上转变"多进宫"戒毒人员好逸恶劳的思想，通过戒毒矫治过程中适度的习艺劳动培训逐步使"多进宫"戒毒人员养成自给自足的劳动习惯。另外，很多"多进宫"戒毒人员存在"眼高手低""高不成、低不就"的错误择业观念。应通过教育改变其择业观念，让其形成"先就业、再择业"的正确择业观。三是戒毒所需要积极对接劳动就业保障部门，从就业政策制度、权益保障和岗位匹配等方面为"多进宫"戒毒人员提供切实有效的政策保障，

---

① 由美国职业指导专家霍兰德提出，他依据个人兴趣与职业之间的关联，划分了6种职业类型，分别为现实型、艺术型、社会型、企业型、研究型、传统型。该测试能够为被试者发现和确定自己的职业兴趣和能力专长提供帮助。

这对于提高"多进宫"戒毒人员的就业率、预防其再次复吸，具有非常重要的实际意义。

【任务考核 6-1】

戒毒人员李某，59岁，小学文化，10年吸毒史。因吸食毒品海洛因于2019年7月10送强制隔离戒毒所接受强制隔离戒毒。李某是聋哑人，听力为零，不能说话，和别人交流困难，生活自理有障碍，做事比别人"慢半拍"，集体活动拖拉，不能按要求完成学习、内务、训练任务，不论在哪一个小组，别人都会以拖小组的后腿为由而嫌弃他。鉴于以上原因，李某思想压力较大，有自暴自弃倾向，表现为情绪低落，纪律意识淡薄，生活中我行我素，不能积极接受正常的教育矫治，给大队戒治秩序和安全稳定带来极大影响。

请问：李某有哪些特点？如何为其制定教育矫正方案？

【任务考核 6-2】

戒毒人员孙某，现年17岁，初中文化，陕西人。孙某的父亲与母亲都是多次被公安机关打击处理的吸贩毒人员。父亲在孙某不满十岁时便因贩毒被司法机关判处徒刑。母亲有长达二十多年的吸毒史，多次被强制隔离戒毒，孙某被公安机关抓获时其母亲刚被强制隔离戒毒。孙某自从初中辍学以后，就从老家孤身一人到西安市混迹，多次参与暴力斗殴事件。2015年到2016年两次因聚众斗殴被西安市雁塔公安分局查获,但因年龄未满16周岁,均被批评教育后放归社会。孙某因此自认拥有未成年人身份这一天然"保护符",愈发的狂妄。一次在和朋友聚会时受朋友诱惑,孙某开始吸食冰毒。此后经常性吸食冰毒,2018年1月孙某被西安市未央公安分局决定强制隔离戒毒两年,4月孙某进入强制隔离戒毒所戒毒。

民警初见孙某,便对孙某有着极其深刻的印象:明明只有十六周岁的年龄,但是孙某浑身遍布夸张的大面积文身图案,从额头到脖子、手指再到脚趾,但凡衣服遮盖不住的地方都有文身的印记。孙某在面对民警时,眼神里也透露出不属于他这个年龄应该有的成熟和老练。对于民警安排的入所训练非常排斥,对于民警的要求落实经常大打折扣。内务卫生一团乱麻,队列训练也拒不参加。对自己吸毒成瘾被强制隔离戒毒满不在乎,认为自己年龄小,不应该被强戒两年,对抗戒治的思想严重,不能步入正常的戒治生活。

请问:孙某有哪些特点?如何为其制定教育矫正方案?

【拓展思考】

(1)如何根据未成年强制隔离戒毒人员特点对其开展有针对性的教育?

(2)如何根据女性强制隔离戒毒人员特点对其开展有针对性的教育?

(3)病残强制隔离戒毒人员普遍存在的心理特征是什么?

（4）对多次复吸强制隔离戒毒人员进行矫正教育，需要注意哪些方面？

项目七
强制隔离戒毒人员矫正教育质量评估

【学习目标】

知识目标：掌握强制隔离戒毒人员矫正教育质量评估的概念、原则、实施方法。

能力目标：具备组织实施质量评估工作的能力。

素质目标：具备客观公正、诚实正直的职业道德，具备勤勉尽责、专注认真的职业精神。

【案例导入】

为了科学合理地评估戒毒人员的戒治效果，优化戒毒人员的管理方法，2021年2月25日某戒毒所教育矫正中心开展戒毒人员戒治效果评估，为后续戒治工作提供科学依据。此次戒治效果评估主要从生理脱毒、身心康复、行为表现、社会环境与适应能力四个方面进行测评。戒毒人员面临两年的强戒期，无论其戒毒动机如何，都会感到迷茫，对于自身戒治效果评估没有清楚的认知，而及时开展戒治效果评估（自评与评价）会给戒毒人员的所内生活指引方向，帮助其积极配合所内教育矫治项目，促使其从身体、心理、行为表现、与家人关系等方面得到不断调整和改善。同时，也可以预测戒毒人员回归社会后保持操守的可能性。通过戒治效果评估，提高了戒毒人员的戒治积极性，及时掌握了戒毒人员近期状况，对场所的安全稳定和有序戒治提供了有利条件。[①]

学习任务 24　强制隔离戒毒人员矫正教育质量评估概述

强制隔离戒毒人员矫正教育质量评估是对强制隔离戒毒人员在矫正方案的实施、矫正中的具体表现进行考察，以看清解除强制隔离戒毒前的成效，形成评估结果。再根据评估结果，结合强制隔离戒毒人员在矫正各阶段所表现出来的新问题、新特点，及时对矫正方案进行调整与完善，以提高矫正措施的针对性，确保矫正教育的质量。科学、准确地评估强制隔离戒毒人员矫正教育质量对于促进强制隔离戒毒工作具有重要意义。

一、强制隔离戒毒人员矫正教育质量评估的概念

强制隔离戒毒人员矫正教育质量评估是指依据强制隔离戒毒矫正教育的目的，运用定性和定量的方法，对强制隔离戒毒人员矫正教育的效果做出价值判断和进行测量的过程。对强制隔离戒毒人员矫正教育质量进行评估，必须运用定性分析和定量分析方法。这是因为：一方面为了准确地测量强制

---

① 材料源自中国法律服务网"司法行政（法律服务）案例库"。

隔离戒毒人员矫正教育的效果，必须采用量化的手段，进行定量分析；另一方面，强制隔离戒毒人员矫正教育质量评估涉及因素较多，许多因素难以量化，需要采用文字描述的定性分析方法。

二、强制隔离戒毒人员教育矫正质量评估的意义

强制隔离戒毒人员教育矫正质量评估是提高强制隔离戒毒工作质量和提升强制隔离戒毒工作水平的系统工程，也是提高强制隔离戒毒人员矫正质量的重要环节和基础工作，它通过对强制隔离戒毒质量进行评估分析，揭示强制隔离戒毒工作的发展趋势，对强制隔离戒毒工作起到预测作用。正确认识和把握强制隔离戒毒工作的规律，可以为建立科学的强制隔离戒毒制度和模式提供依据，对强制隔离戒毒人员的矫正工作进行指导、评价和控制，所以构建科学、规范、系统、具有针对性的强制隔离戒毒质量评估体系具有十分重要的意义。

（一）有利于及时准确地了解强制隔离戒毒人员在矫正教育中存在的问题，加强对强制隔离戒毒人员矫正教育的针对性，提高工作效率

强制隔离戒毒人员自入所至出所先后要经过入所调查评估、中期阶段评估及出所前综合评估三个阶段。通过"矫正方案适用程度"考察和"矫正方案调整意见"，可以在强制

隔离戒毒人员个体方面，最大限度地保证各项矫正工作与强制隔离戒毒人员矫正实际情况的适用程度。对强制隔离戒毒人员个体的考核分析，可以使戒毒民警对强制隔离戒毒人员有了全面的了解，锻炼了戒毒民警发现问题、分析问题、解决问题的能力，为制订相应的矫正方案提供依据，从而增强矫正教育工作的针对性。

（二）有利于不断改进和完善强制隔离戒毒工作

强制隔离戒毒人员的矫正教育是以强制隔离戒毒的目标为出发点，通过一系列有计划、有组织、系统的影响活动，达到促使强制隔离戒毒人员戒掉毒瘾，重新回归社会，成为合格社会成员的目的。强制隔离戒毒机关通过组织实施评估，可以及时发现强制隔离戒毒人员矫正教育活动和目标之间是否存在偏差以及存在何种偏差，并在评估过程中加以修正，从而不断调整矫正教育的思路和重心，探索强制隔离戒毒人员矫正教育的有效方法和途径，不断改进和完善强制隔离戒毒工作。

（三）有利于统筹社会各方资源，共同完成对强制隔离戒毒人员的矫正教育

实施强制隔离戒毒人员矫正教育质量评估，让社会民众广泛地参与监督，让民众对强制隔离戒毒的性质、内容、目的和意义有所了解、理解，并逐步提升至认知、认同层面，

有利于充分利用社会各类生态资源，包括社区居民、居委会、志愿者等的关心和帮助，化解强制隔离戒毒人员心理焦虑并消除他们的思想负担，然后通过社会融合、情感呵护和尊重接纳，使之重新回归社会。

三、强制隔离戒毒人员教育矫正质量评估分类

根据不同的标准，可以将强制隔离戒毒人员矫正教育质量评估分为不同的类型。根据评估的目的可以分为形成性评估和终结性评估；根据评估的对象可以分为个体评估和群体评估；根据评估的方法可以分为定量评估和定性评估。

（一）根据评估的目的进行分类

1. 形成性评估

是指通过诊断强制隔离戒毒人员教育方案和计划，矫正教育内容和方法中存在的问题，为正在进行的强制隔离戒毒矫正教育活动提供反馈意见，以提高正在进行的矫正教育活动质量而进行的评估。

2. 终结性评估

是指在强制隔离戒毒人员矫正教育结束后对矫正教育效果的评价。终结性评估考察的是强制隔离戒毒矫正教育的最终结果，是对强制隔离戒毒人员矫正全过程的检验。其评价是综合性的，获得的结果也具有较高的概括性。

(二)根据评估的对象进行分类

1. 强制隔离戒毒人员个体评估

是指对某一强制隔离戒毒人员个体的心理、行为形成、发展等情况做全面或部分的分析,并就其不良心理和行为特点提出科学合理的矫治方案的一种方法。强制隔离戒毒矫正教育归根结底是对个体的矫正,从而实现强制隔离戒毒人员的再社会化,因此,个体评估是强制隔离戒毒工作中最常用的一种评估方式。个体评估主要采用纵向分析、横向分析、专题分析和综合分析等形式。

(1)纵向分析。从吸毒到受到法律惩处,从强制隔离戒毒到回归社会,以强制隔离戒毒人员违法、强制隔离戒毒的连续发展的整个过程来分析个案。主要分析强制隔离戒毒人员心理、行为特征及其形成和发展,尤其是违法心理和行为、强制隔离戒毒心理特征及其形成和发展历程。

(2)横向分析。以强制隔离戒毒矫正教育的某一阶段的各个方面来分析个案。主要分析戒毒人员某一阶段的心理、行为状况,如入所初期、中期和后期的心理、行为状况等。

(3)专题分析。就戒毒人员的某一问题做专门研究,主要分析戒毒人员某一方面的心理、行为特征,如违规违纪心理、人际交往能力、社会适应能力、就业能力、婚姻家庭问题等。

(4)综合分析。纵与横、点与面相结合,进行全方位、追踪式的立体分析。强制隔离戒毒人员个体教育矫正质量的评估一般采用综合评估方法。评估强制隔离戒毒对戒毒人员个体的影响，应当根据相关评估标准，采用谈话、观察、测量和实验等多种方法进行。

2. 强制隔离戒毒人员的群体评估

是指在确定的时间内，通过选定对整体强制隔离戒毒人员教育矫正效果有重要影响的测定点来对强制隔离戒毒矫正工作加以评价和检测，它反映的是强制隔离戒毒矫正教育的宏观效果。

（三）根据评估的方法分类

1. 定量评估

是指通过对强制隔离戒毒人员在矫正教育活动中的行为表现和接受矫正的状态进行数量化的分析和计算，从而对矫正教育的效果和价值作出判断。定量评估有助于评估的精确化，加强评价的区分度，降低评估的主观性和模糊性，增强评估结果的说服力。

2. 定性评估

是指对强制隔离戒毒人员在矫正教育活动中的行为性质和接受矫正的状态进行的分析、评定和说明。定性评估比定量评估简便易行，但容易受主观意识的支配而有失客观性，加上在评估工作中，有些评估内容可以被量化，有些不能或不易被量化，所以一般都将定量评估和定性评估结合起来使用。

四、强制隔离戒毒人员矫正教育质量评估的原则

(一)客观性原则

客观性原则是指在强制隔离戒毒人员矫正教育质量评估工作中,要求对强制隔离戒毒矫正教育质量评价客观、公正、实事求是,评价信息要真实、准确。要避免掺杂主观臆断和个人情感色彩,不受外界因素干扰和强制隔离戒毒人员表面现象迷惑,不迁就任何组织和强制隔离戒毒人员个人的要求,力争做到评估标准科学、准确,评估过程和结果客观公正。

(二)科学性原则

科学性原则是指在强制隔离戒毒人员矫正教育质量评估工作中,通过建立科学的评价标准和考核体系,运用科学的评估方法,对强制隔离戒毒人员的矫正教育效果进行科学的评定和运用。影响矫正教育质量的因素很多,既有强制隔离戒毒人员的主观因素,也有强制隔离戒毒机构、矫正条件等客观因素。科学的强制隔离戒毒人员矫正教育质量评估指标体系,是强制隔离戒毒人员矫正教育质量评估的重要内容。采用定性分析和定量分析相结合的方法,有利于对强制隔离戒毒人员矫正教育质量做出科学评定。

(三)适时性原则

适时性原则是指在强制隔离戒毒人员矫正教育质量评估

工作中，为了引导强制隔离戒毒人员向预期的矫正教育目标发展，根据矫正的内容、形式和方法，结合矫正教育的时限，适时加以评估。如在强制隔离戒毒矫正教育工作的入所教育、常规教育和出所教育阶段对各项矫正教育成效进行评价，发现强制隔离戒毒人员在接受矫正过程中的变化，这样就能及时调整矫正教育方案，提高矫正教育的效果。

（四）可操作性原则

可操作性原则是指强制隔离戒毒人员矫正教育质量评估指标体系的设计、评估方法的采用以及评估方案的运用等。可操作性原则应符合强制隔离戒毒人员和强制隔离戒毒矫正教育工作实际，易于操作和实践运用，简明扼要，切实可行。如评估指标体系要有针对性，内容有所取舍、有所侧重；评估内容要能够被定性和定量地分析；评估项目要完备，能覆盖强制隔离戒毒人员矫正教育质量评估所涉及的全部范围，防止漏项；评估指标体系要简单明了，以有利于戒毒人员理解和接受，也便于工作人员操作。

学习任务 25　强制隔离戒毒人员矫正教育评估的指标体系

对强制隔离戒毒人员矫正教育质量的评估，必须建立一个系统科学的评估指标体系，没有完善的评估指标体系，就不能科学、准确地对强制隔离戒毒人员矫正教育工作实施评估。评估指标体系既是一个方法论，又是对各种教育矫正资源、矫正内容和矫正方法加以确定并整合的系统。评估指标体系由评估指标、指标权重和评估标准三个部分构成。

一、强制隔离戒毒人员矫正教育的评估指标

强制隔离戒毒人员矫正教育指标是指那些能够准确反映强制隔离戒毒人员矫正教育效果的各方面因素。这些因素既能涵盖强制隔离戒毒人员矫正教育的主要内容，又能突出反映强制隔离戒毒人员矫正教育质量评估的要求，各因素之间相互协调，不互相矛盾。构成因素全面，不缺省或漏项。结合上述要求，强制隔离戒毒人员教育效果的影响因素主要包括以下几个方面：

（1）戒毒人员生理功能状况。包括戒毒人员的体重、体能、稽延症状、生理功能、尿液毒品检测等生理脱毒和身体恢复状况等内容，以体重、体能、生理功能、稽延症状、尿液毒品检测结果及改善率为评价指标。

（2）戒毒人员心理认知状态。包括戒毒人员成瘾程度、渴求、焦虑、抑郁、自尊、认知、生活质量、人际关系、适应能力及对吸毒诱因耐受强度等多维度心理状况的考核，以常规考核评估、心理量表测试结果及改善率为评价指标。

（3）戒毒人员现实表现情况。包括戒毒人员遵从戒治、接受教育、服从管理、遵规守纪、劳动康复、行为养成及受到奖惩等内容，以戒毒人员自评、他评、管教民警评定结果为评价指标。

（4）戒毒人员社会功能状况。包括戒毒人员人际交流、家庭关系、就业技能、适应能力等内容，以戒毒人员自评、管教民警评定及测试工具测量结果为评价指标。

（5）戒毒回归人员综合情况。包括戒毒回归人员就业情况、家庭关系、夫妻生活、社会适应状况、有无违法犯罪及操守情况等内容，以戒毒回归人员社会生活质量指数、操守值为评价指标。

二、强制隔离戒毒人员矫正教育的评估指标权重

权重是针对某一指标在整体指标体系评价中的相对重要程度。构建完整的强制隔离戒毒人员矫正教育质量评估体系还需要我们根据戒毒人员矫正教育的各个项目（一级指标）的重要程度、作用进行区别对待，赋予不同的权重。权重设定的方法有根据考核者凭自己的主观经验直接给指标设定权重的主观经验法；有将所有指标根据一定标准按其重要性进行排队，设置权重的主次指标排队分类法；有聘请专家，对考核指标体系进行深入研究，由每位专家先独立地对考核指标设置权重，然后对每个考核指标的权重取平均值，作为最

终权重的专家调查法。通常的做法是主要根据指标的重要性进行设置，并可根据需要适时进行调整。权重的取值范围在0—1之间，各指标权重之和应为1。根据生理功能状况、心理认知状态、现实表现情况、社会功能状况、戒毒回归人员综合情况对戒毒人员矫正质量的重要性及影响程度的大小来分配指标权重。例如，将权重确定为0.25、0.15、0.15、0.20、0.15、0.10（各项指标权重的分配，要根据大样本的实测和统计科学分析来确定）。在测评过程中按100分计，五项内容分值各为25分、15分、15分、20分、15分、10分，待上一级指标权重确定后，再分摊至下一级，并按上述原理进行。戒毒人员矫正教育质量评估可以使用五级制评估等级，如很好（90—100分）、较好（80—89分）、一般（70—79分）、较差（60—69分）、很差（60分以下）。为了使评估能在等效操作的条件下进行，使人为因素减少到最低限度，还必须制定与第三级指标相对应的参照标准评语，确定从"很好"到"很差"的不同等级的内涵。因此可以说，指标体系、指标及其等级与内涵最具体地体现了评估目标与内容，为确定戒毒人员矫正的起点、重点和衡量强制隔离戒毒矫正教育的成效提供了客观的、清晰的标准。

三、强制隔离戒毒人员矫正教育的评估标准

评估标准是鉴定评估对象优劣、好坏程度的尺码，是划

定等级的标准和依据。强制隔离戒毒人员矫正教育效果的好坏，直接影响强制隔离戒毒工作的绩效。

（一）制定强制隔离戒毒人员教育效果评估标准的要求

（1）标准的制定应适用于所有的评估对象，即标准应具有普适性。对强制隔离戒毒人员而言，不应因为个体与整体的差异和特殊性而造成标准的不适用，这是确定标准的要求。

（2）构成标准的要素要周全。强制隔离戒毒人员的矫正教育是一个系统工程，对其质量评定必须作为一个系统工作来考核，标准的要素也要按照系统论的要求进行构建，做到不漏项，每一项的界定都准确明晰、语义连贯、不含交叉关。

（3）标准的构建应在科学的前提下予以简化。强制隔离戒毒人员矫正教育效果评估涉及强制隔离戒毒人员生理功能、心理认知、现实表现、社会功能等多方面的内容，对此进行测评是一个复杂的过程。因此，应在调查研究和统计分析的基础上，剔除多余的、交叉重复的因素和环节，精炼并确定满足评估全面需要的因素，保持标准整体的精简合理，提高评价功效。

（4）构成标准的因子之间要协调。在构建标准时，要协调好其构成因子之间的统一性和平衡性，根据各因子对标准影响作用的大小确定分值，从而达到标准设定的最优化。

（二）评估的结论

按照标准进行评定之后，要做出优秀、良好、合格、不合格的等级评定结论。

学习任务 26　强制隔离戒毒人员矫正教育质量评估的组织实施

一、强制隔离戒毒人员矫正教育质量评估的步骤

强制隔离戒毒人员矫正教育质量评估是一项专业性和技术性很强的工作，不仅要能够对强制隔离戒毒人员矫正教育效果进行客观准确的评价，还要根据评估结果中反映出的问题对强制隔离戒毒矫正教育工作进行调整。因此按照科学的程序组织实施矫正教育效果评估，对于保障评估的质量，达到评估目的有重要意义。一般来说，强制隔离戒毒人员矫正教育效果评估应包括以下步骤：

（一）准备评估

为了评估工作的开展顺利有序，保障评估质量，必须首先做好评估前的一系列准备工作。准备阶段主要包括：

（1）明确评估目的。一是通过评估来发现问题，提高矫

正教育的工作质量；二是通过评估判断是否满足解除强制隔离戒毒条件，能够顺利融入社会，并对后续的矫正帮扶工作提供参考。

（2）确定评估问题。即评估什么，将评估问题具体化。

（3）设计评估方案、建立评估指标体系。准备好与评估有关的量表、调计量、文件等相关工具，并聘请专家和确定评估工作人员组成评估小组。

（二）实施评估

此阶段是强制隔离戒毒人员矫正教育质量评估的实际考核、测评阶段，是整个评估程序中的中心环节。主要包括：

（1）做好评估的宣传动员，使强制隔离戒毒人员充分认识矫正教育效果评估并能够完全配合。

（2）组织评估人员学习掌握评估的方法和步骤，了解评估进程安排。

（3）评估人员依照评估方案收集真实、准确的有关资料，整理资料并对资料进行分析、判断、定性，运用教育学、统计学、数学的有关理论和方法把各个分项评定结果汇总成整体的综合评价，形成评估意见。

（4）评估人员在分析资料基础上，详细陈述评估发现的问题并形成评估报告。为了保证评估报告的质量，通常会邀请同行专家对评估报告进行评阅，检查评估方法、评估结论以及对策建议等内容。

（三）总结调整

评估工作结束后，评估的组织者应就评估结果和评估过程中遇到的问题，如评估方案、评估指标体系的科学性、可行性，工具、技术的适用性，结论的准确性，程序的合理性等问题，逐一做出分析，以提高强制隔离戒毒人员矫正教育质量评估工作本身的科学性。要及时公布与反馈评估信息，并对质量评估文件进行存档。同时，还可以对强制隔离戒毒人员进行跟踪监测。如果评估的结果未达到预期的效果，则需要从质量评估中总结经验，寻找矫正工作中的偏差，并加以改进。

二、强制隔离戒毒人员矫正教育质量评估的方法

（一）观察法

观察法是指评估人员通过一定的方式观察强制隔离戒毒人员的变化，从而评估相应的内容是否有效。具体包括观察其教育学习情况，观察其参加活动的情况和表现等。

（1）观察强制隔离戒毒人员教育学习情况。强制隔离戒毒人员在矫正期间，戒毒所会采取集中教育、分类教育、个别教育等向其讲解法治理念、道德观念、方针政策等内容。在教育的过程中评估人员可以通过观察他们的行为表现，评估其矫正方法的有效性。

（2）观察强制隔离戒毒人员参与活动的情况和表现。评

估人员可以通过观察强制隔离戒毒人员的积极性、自主性等表现，评估活动的有效性。例如，从强制隔离戒毒人员由原先抗拒到自己主动参与的过程中，可以看出强制隔离戒毒人员在逐渐适应戒毒所矫正生活，朝着积极的方向发展。

在实践中，观察法在使用时多是由评估人员进行动态观察，与此同时，评估人员的想法、经验以及专业性也会对评估结果产生一定的影响。因此，评估人员在使用观察法时应当保持中立的态度，避免"先入为主"的想法，保证评估的真实性。

（二）问卷法

问卷法是指评估人员通过评估问卷了解有关情况的评估方法。在设计评估问卷时要注意反映强制隔离戒毒人员的法治理念、道德观念、行为特征、心理特征、素质特征、认知水平等情况。

（三）心理测验法

心理测验法是根据客观的、标准化了的程序来测量个体的某种行为以便判定个别差异的一种方法。[1]

在强制隔离戒毒人员进行矫正教育质量评估过程中，可以使用心理测验法评估其心理特征及变化情况。心理测验的

---

[1] 章恩友主编：《中国监狱心理矫治规范化运作研究》，中国市场出版社，2004年，第104页。

内容主要包括智力测验、人格测验和心理健康状况测验。常用的测量工具主要有：韦克勒斯智力测验量表、艾森克个性问卷（EPQ）、卡特尔16项人格因素量表（16PF）、明尼苏达多项（相）人格调查表（MMPI）、症状自评量表（SCL—90）等通用量表。在国外，研究者根据矫正工作的需要，编制了一些专门的心理测验量表，例如，矫正态度测验、矫正行为测验、矫正人格评价测验、矫正环境评价测验等等。[①]

在使用心理测验法时应当注意：第一，心理测验员应当具备专业素养。比如，言语表达流畅、要掌握表中所涉知识、严格遵守规章制度等。第二，心理测验内容更科学。在内容的设计上要能涵盖行为人心理特征的各个方面，尤其要与测验工具相一致。第三，测验结果应具备合理性依据。结果所依据的事项一定要作出合理解释，不能胡乱编造事实。

（四）座谈法

座谈法是指众多评估人员就评估事项一起座谈，展开讨论，以获得高质量评估结果的方法。座谈法是一种综合性的评估手段。在正式座谈之前，主要评估人员需要对评估材料做筛选，选取有针对性、有评估价值的材料。在正式座谈阶段，评估人员就现有材料，对强制隔离戒毒人员的心理健康状况、人格特征、矫正阶段表现等方面进行综合归纳，具体问题具

---

① 吴宗宪主编：《国外罪犯心理矫治》，中国轻工业出版社，2004年，第112~115页。

体分析，形成综合评价，最后综合概括出评估结论。

在使用座谈法时需要注意：第一，在座谈过程中，要将所获信息互相对比验证，去除虚伪信息。第二，得出的评估结论，应当是综合分析的结果，不得采用简单罗列检测、面谈等手段获取的各种孤立信息。

【任务考核7-1】

董某，女，大专（声乐专业）在读，哈尔滨人。其家庭经济条件优越，父母均为个体经商业主。家庭成员关系非常不融洽。该戒毒人员吸毒成瘾严重，通过自戒和社区戒毒难以戒除毒瘾，经其父母举报，董某因吸食冰毒被哈尔滨市公安局决定强制隔离戒毒两年，于2015年6月至2017年6月在强制隔离戒毒所执行强制隔离戒毒。

2016年8月（董某入所14个月），强制隔离戒毒所评估小组为董某进行戒毒人员一年诊断评估。据董某的表现情况以及评估依据，董某的生理脱毒诊断评估、行为表现诊断评估、身心康复诊断评估结果均为"合格"，社会适应能力诊断评估结果为"良好"，计分考核总分为93.5分。根据《黑龙江省强制隔离戒毒人员行为表现量化考核计分办法》《黑龙江省强制隔离戒毒诊断评估实施细则》，强制隔离戒毒所评估小组建议戒毒人员董某可提前解除强制隔离戒毒4个月。

2016年12月（董某入所18个月），强制隔离戒毒所评估小组为董某进行戒毒人员两年期满前诊断评估。董某生理脱毒诊断评估、行为表现诊断评估、身心康复诊断评估结果均为"合格",社会适应能力诊断评估结果为"良好",计分考核总分为 93.5 分,强制隔离戒毒所评估小组建议戒毒人员董某可提前解除强制隔离戒毒 4 个月。

2017 年 2 月(董某入所 20 个月),董某被哈尔滨市公安局决定提前解除强制隔离戒毒,执行社区康复 2 年。

请问,目前为止强制隔离戒毒人员矫正教育质量评估体系的构建是否完善,有哪些先进做法?

【拓展思考】

(1)构建完善的矫正教育评估指标体系对提高强制隔离戒毒人员矫正教育质量有何意义?

(2)如何通过制定矫正教育工作效果评估实施方案,推进强制隔离戒毒人员矫正教育工作的规范化、科学化?

附 件

强制隔离戒毒人员教育矫治纲要

(2014年7月31日司发通〔2014〕75号)

为进一步规范强制隔离戒毒人员(以下简称戒毒人员)教育矫治工作,提高教育矫治工作的针对性和有效性,促进教育矫治工作全面发展,根据《中华人民共和国禁毒法》、国务院《戒毒条例》以及《司法行政机关强制隔离戒毒工作规定》,结合工作实际,制定本纲要。

一、教育矫治工作目标和基本原则

(一)教育矫治工作目标。通过综合运用各种教育矫治方法和手段,帮助戒毒人员认清毒品危害,树立法制观念,提升道德情操和文化素养,改善不良心理,掌握就业谋生技能,增强社会适应能力,戒除毒瘾,成功融入社会。

(二)教育矫治工作基本原则。坚持以人为本的原则。立足戒毒人员的戒毒需要,科学安排教育内容,选择有针对性的教育方法,给予戒毒人员人文关怀和必要的社会救助,营造尊重、信任、互助的人文矫治氛围,增强戒毒人员自觉、主动参与教育矫治的主体意识。

坚持因人施教的原则。根据戒毒人员的认知规律，生理、心理和行为特点，确定个性化教育矫治方案，帮助个体戒除毒瘾，实现不同程度的改变和成长。

坚持综合矫治的原则。遵循教育矫治工作的客观规律，充分开发管理、生产劳动等手段的教育矫治功能，使场所各类教育活动形成合力，提高综合矫治能力。

坚持面向社会的原则。充分利用社会资源优势，全面提升戒毒所教育矫治工作水平，做好解除强制隔离戒毒人员的后续帮扶工作。

坚持科学创新的原则。根据戒毒工作发展的需要，研究教育矫治工作中的新问题，探索新方法，不断推动教育矫治工作的理论创新、机制创新和方法创新。

二、教育矫治内容

（一）入所教育。对新收治戒毒人员进行入所教育，帮助他们尽快熟悉场所环境，适应戒毒所生活。入所教育在完成生理脱毒后进行，时间不少于 1 个月。

开展戒毒法律法规、所规所纪教育。学习《中华人民共和国禁毒法》《戒毒条例》以及《司法行政机关强制隔离戒毒工作规定》《强制隔离戒毒人员守则》，学习强制隔离戒毒所所规所纪。帮助戒毒人员了解强制隔离戒毒工作的性质、目的、内容、法律效力以及在所期间的权利义务，明确矫治目标和方向。

开展卫生知识教育。组织戒毒人员学习肝炎、艾滋病、性病等传染病预防知识，学习所内集体生活所需要的卫生常识，帮助戒毒人员养成良好的卫生习惯。

开展行为养成教育。组织队列训练，开展内务卫生和所内文明礼仪习惯养成教育，增强戒毒人员组织纪律观念、集体观念，培养自觉遵守文明礼仪的意识和习惯。

（二）法律常识教育。组织戒毒人员学习刑法、治安管理处罚法、劳动法、合同法、婚姻法、继承法、社会保障法等与戒毒人员生活息息相关的法律法规，帮助戒毒人员了解相关法律知识，树立法制观念，自觉遵纪守法。

（三）思想道德教育。把社会主义核心价值观和《公民道德建设实施纲要》教育贯穿始终，强化社会公德、职业道德和家庭美德教育，弘扬民族精神和时代精神，帮助戒毒人员确立正确的世界观、人生观和价值观，引导他们自觉抵制拜金主义、享乐主义和极端个人主义，提倡文明礼貌、助人为乐、诚实守信、尊老爱幼、艰苦奋斗的社会主义风尚。

（四）戒毒常识教育。传授禁毒戒毒基本知识，帮助戒毒人员了解毒品的特性和危害，了解我国的戒毒体系、戒毒基本流程，树立戒毒信心，提高参与戒毒的自觉性和主动性。

（五）心理健康教育。组织戒毒人员学习心理健康基本知识，了解场所心理咨询工作的基本流程，帮助戒毒人员分析吸毒的心理根源，掌握调控情绪的方法，改变错误认知，学会正确归因，提高应对压力和挫折的能力，学会与人沟通，建立和谐的人际关系。

（六）文化素质教育。举办文学、历史、音乐、书法、绘画、科技知识等讲座，以优秀传统文化和现代文化提高戒毒人员文化素养，激发生活热情，树立健康生活态度。鼓励戒毒人员参加电大、函授、高等教育自学考试。

（七）戒毒康复训练。对戒毒人员进行戒毒康复训练，帮助戒毒人员学会戒毒康复项目的相关知识，掌握生理和心理康复的具体方法。

开展戒毒康复教育。介绍戒毒康复项目和要求，传授增强戒毒意愿、修复个性缺陷、恢复正常社会情感、拒绝毒品的知识和方法，为开展戒毒康复训练奠定基础。

开展体能康复训练。借鉴医学和运动生理学理论、方法和技术，将运动康复运用到戒治过程中。开展适合戒毒人员身体状况的恢复性训练、体能训练。选择广播体操、健身操、器械训练等常用健身项目，帮助戒毒人员掌握锻炼方法，养成锻炼习惯。

开展心理康复训练。对戒毒人员进行情绪管理、意志力训练、个性修复、情感重建、人际交往、抗复吸训练、拓展训练等专题团体心理辅导，帮助戒毒人员增强抵抗诱惑的意志品质，客观认识个性缺陷与吸毒的关系，引导戒毒人员通过自我体验和自我反省，塑造积极人格，增强拒毒能力，强化戒毒效果。

（八）劳动教育和职业技能培训。组织戒毒人员进行生产劳动，充分发挥劳动的教育矫治功能，帮助戒毒人员端正正确的劳动态度，改变好逸恶劳的思想和习惯。开展职业技能培训，使戒毒人员掌握一定的职业技能。

开展安全生产知识教育。组织戒毒人员学习安全生产法规、安全生产常识、劳动保护知识，提高戒毒人员安全生产意识，树立劳动观念，养成劳动习惯，掌握劳动技能。

开展职业技能培训。落实国家禁毒办等11个部门联合下发的《关于加强戒毒康复人员就业扶持和救助服务工作的意见》（禁毒办通〔2014〕30号），将戒毒人员职业技能培训纳入当地职业技能培训总体规划，根据戒毒人员的特点和社会需求设置职业技能培训项目，帮助戒毒人员考取职业技能资格或等级证书，为就业创造条件。

（九）回归社会教育。对即将出所的戒毒人员进行回归社会教育，帮助他们了解社会形势，做好回归社会的准备。回归社会教育时间不少于一周。

开展形势政策宣传教育。帮助戒毒人员了解国家和社会发展新形势，了解人们生活方式和价值观念的新变化，了解当地市政交通、衣食住行等方面的重大变化，了解出所后办理相关手续的方法。

帮助戒毒人员重建社会支持系统。教育引导戒毒人员建立健康的朋友圈，正确处理与家庭成员的关系，积极参与社会交往。

开展后续照管政策宣传教育。向戒毒人员介绍就业形势和政策,帮助戒毒人员合理选择就业岗位;向戒毒人员介绍戒毒康复、社区康复的机构和流程,动员解除强制隔离戒毒人员到戒毒康复场所体验戒毒生活,帮助戒毒人员了解美沙酮维持治疗等社会公益项目的参与方法,使他们出所后能够及时寻求支持和帮助。

三、教育矫治方法

(一)发挥课堂教学功效。完善教材体系。以司法部统编教材为主,各地要结合自身实际自编辅助教材,进一步丰富和深化基础课程内容,体现当地特色。

规范课堂教学。课堂教学是系统学习知识,改善认知结构的有效方式。要开设法律常识(30课时)、思想道德(30课时)、心理健康(30课时)、文化素质(20课时)、戒毒常识(30课时)5门课程(共140课时)。课堂教学原则上实行小班教学,每班不超过50人。

改善教学方法。提倡启发式、互动式教学,采用案例讲解、课堂讨论等方式,充分调动戒毒人员参与热情。利用现代化教学媒体,通过网络、数字化点播等手段,直观、形象地展示教学内容,提高教学效果。

(二)提高个案化教育水平。制定个案化教育矫治方案。入所初期,进行一次个性化分析诊断,由大(中)队民警和心理咨询师，参照心理测评结果、个人成长史、现实表现等情况和诊断评估标准，逐人制定个案化教育矫治方案，运用多种手段开展教育矫治工作，做好跟踪管理；在强制隔离戒毒中期，从戒毒人员法制观念，道德水平，文化素质，心理、生理健康状况等方面，对教育效果进行评价，根据需要调整教育矫治方案，提高个别教育的针对性；在解除强制隔离戒毒前，对每名戒毒人员进行综合评估。

突出个别谈话方式。强制隔离戒毒所大（中）队民警对每名戒毒人员每两个月要至少安排一次个别谈话。对新入所和变更大（中）队的、因违法违纪受到处分的、外出探视前后或者家庭发生变故的、长时间无人探访或者家人不与其联系的、情绪和行为明显异常的、变更执行方式和所外就医的、延长或临近解除强制隔离戒毒的，应当及时进行个别谈话。

（三）突出心理咨询的特殊作用，广泛进行心理测评。由专职心理咨询师对戒毒人员的情绪状态、环境适应情况、人格特质等作出入所评估，逐人建立心理档案，筛查有心理问题人员。

定期举办心理咨询服务活动。以当面咨询或者书信、电话、网络等多种形式，为戒毒人员提供心理咨询服务，帮助解决心理问题。

及时进行心理危机干预。对心理状态严重异常，遭受家庭、婚姻等重大突发事件心理严重失衡的，长期处于抑郁焦虑和自我封闭状态的，有逃跑、行凶、自伤自残等危险倾向的戒毒人员及时实施心理危机干预。

（四）发挥场所文化建设的教育矫治功能。培育场所戒毒文化环境。围绕戒毒文化主题，统筹规划，精心布置，在设施建设、环境营造中集中体现戒毒工作理念和特色。鼓励、引导、关怀戒毒人员，设置与禁毒内容相关的标识，突出整洁优美、和谐有序、活泼向上的氛围，充分发挥环境育人的功能。

构筑场所戒毒文化阵地。建立所内广播，自办报刊、宣传栏、局域网等宣传教育阵地，宣传国家戒毒政策，报道场所戒毒生活。

创新场所戒毒文化活动形式。定期举办"文化月""文化节"，利用"6·26"禁毒日开展专题教育活动，组织文艺表演、演讲、书画、摄影、歌咏比赛、读书征文、体育比赛等文化活动。

打造场所戒毒文化精品。结合本地文化特点，培育具有自身特色的文化品牌，形成"一所一品牌、一队一特色"的戒毒文化特色。

（五）实现教育矫治工作的社会化。发挥社会资源在教育矫治工作中的重要作用。探索教研合作、购买服务、资源共享等多种合作途径，充分发挥社会资源优势，促进强制隔离戒毒工作与社会进一步融合。

搭建社会帮教平台。建立一支稳定的社会帮教志愿者队伍，定期来所开展帮教；建立一个与党、政、军、工、青、妇、团等社会各界共建的帮教基地，定期开展交流活动；每年至少组织一次场所民警或者戒毒人员到社会上进行戒毒公益宣传活动。

开展后续帮扶。落实《关于加强戒毒康复人员就业扶持和救助服务工作的意见》，协助做好解除强制隔离戒毒人员关怀救助工作；鼓励在街道、社区建立后续照管站和戒毒工作指导站，帮助完成社区戒毒和社区康复工作；建立戒治质量考查机制，通过跟踪回访、第三方评估等方式，考查场所戒治质量。

四、教育矫治工作的组织实施

（一）加强对教育矫治工作的领导。各省（区、市）戒毒局以及强制隔离戒毒所的主要负责人是教育矫治工作的第一责任人，对教育矫治工作负总责。分管领导对教育矫治工作负主要责任。要把教育矫治工作的各项任务分解落实到具体部门和民警，实行层级责任目标管理，使教育矫治工作职能更加明确、责任更加清晰，不断增强各级领导干部和广大民警做好教育矫治工作的责任感。要把教育矫治工作作为评价各级司法行政戒毒机关工作成效的重要内容，定期进行考评，将考评结果作为评价领导班子和民警业绩的重要内容。

（二）强化教育矫治队伍专业化建设。强制隔离戒毒所应当按照不低于收治人数1%的比例配备专职教师，收治人数低于 500 人的场所，应至少配备 5 名专职教师，负责课堂教学、康复训练和专题教育。按照不低于 0.6% 的比例配备专职心理咨询师，为有需要的戒毒人员提供个体心理咨询服务。要把民警队伍的专业化建设作为一项长期的重要战略任务，努力提高队伍的专业水平和专业素质。通过开展经验交流、示范培训等多种形式提高个案矫治水平，增强个案矫治能力，打造一支个别教育能手队伍；通过改善专业知识结构，加快专业人员引进和培养，打造一支心理矫治专家队伍；通过开展教学观摩、集体备课等形式，不断提高教学水平，打造一支专职教师队伍。定期组织开展优秀教师、个别教育能手、优秀心理咨询师评选活动。

（三）配备完善的教育矫治设施设备。强制隔离戒毒所应当设置与收治人数相适应的教学、文体活动、图书阅览、职业技能培训等功能用房，配备齐全的电化教学设施和教学网络。应当设置心理矫治中心和身体康复训练中心，配备满足开展康复训练需要的设施和设备。发挥科技在教育戒治中的重要作用，努力提高教育矫治的科技含量。利用现有的信息技术条件，收集、运用、管理教育矫治信息，并充分交流和共享这些信息，提升信息化应用水平。

（四）落实教育矫治经费。按照财政部、司法部《强制隔离戒毒所基本支出经费标准》规定要求，制订本地教育经费标准，确保教育矫治工作经费保障足额到位，做到专款专用，为教育矫治工作的开展提供良好条件。

司法行政机关强制隔离戒毒工作规定

(2013年4月3日司法部令第127号发布)

第一章 总 则

第一条 为了规范司法行政机关强制隔离戒毒工作，帮助吸毒成瘾人员戒除毒瘾，维护社会秩序，根据《中华人民共和国禁毒法》《戒毒条例》等法律法规和相关规定，制定本规定。

第二条 司法行政机关强制隔离戒毒工作应当遵循以人为本、科学戒毒、综合矫治、关怀救助的原则，教育和挽救吸毒成瘾人员。

第三条 司法行政机关强制隔离戒毒所对经公安机关作出强制隔离戒毒决定，在公安机关强制隔离戒毒场所执行3个月至6个月后，或者依据省、自治区、直辖市具体执行方案送交的强制隔离戒毒人员（以下简称"戒毒人员"），依法执行强制隔离戒毒。

第四条 从事强制隔离戒毒工作的人民警察应当严格、公正、廉洁、文明执法，尊重戒毒人员人格，保障其合法权益。

第五条 司法行政机关强制隔离戒毒工作所需经费，按照国家规定的标准纳入当地政府财政预算。

第二章 场所设置

第六条 设置司法行政机关强制隔离戒毒所，应当符合司法部的规划，经省、自治区、直辖市司法厅（局）审核，由省级人民政府批准，并报司法部备案。

具备条件的地方，应当单独设置收治女性戒毒人员的强制隔离戒毒所和收治未成年戒毒人员的强制隔离戒毒所。

第七条 强制隔离戒毒所以其所在地地名加"强制隔离戒毒所"命名，同一地域有多个强制隔离戒毒所的，可以采取其他方式命名。

专门收治女性戒毒人员的强制隔离戒毒所名称，为地名后加"女子强制隔离戒毒所"；专门收治未成年人的强制隔离戒毒所名称，为地名后加"未成年人强制隔离戒毒所"。

第八条 强制隔离戒毒所设所长一人、政治委员一人、副所长若干人，设置职能机构和戒毒大队，根据收治规模配备从事管教、医疗和后勤保障的工作人员。

第九条 强制隔离戒毒所设置医疗机构，接受卫生行政部门对医疗工作的指导和监督。

第十条 强制隔离戒毒所工作人员享受国家规定的工资福利待遇及保险。

第三章 接 收

第十一条 强制隔离戒毒所根据县级以上人民政府公安机关强制隔离戒毒决定书接收戒毒人员。

第十二条 强制隔离戒毒所接收戒毒人员时,应当核对戒毒人员身份,进行必要的健康检查,填写强制隔离戒毒人员入所健康状况检查表。

戒毒人员身体有伤的,强制隔离戒毒所应当予以记录,由移送的公安机关工作人员和戒毒人员本人签字确认。

对女性戒毒人员应当进行妊娠检测。对怀孕或者正在哺乳自己不满一周岁婴儿的妇女,不予接收。

第十三条 强制隔离戒毒所应当对接收的戒毒人员的身体和携带物品进行检查,依法处理违禁品,对生活必需品以外的其他物品进行登记并由戒毒人员本人签字,由其指定的近亲属领回或者由强制隔离戒毒所代为保管。检查时应当有两名以上人民警察在场。

女性戒毒人员的身体检查,应当由女性人民警察进行。

第十四条 强制隔离戒毒所接收戒毒人员,应当填写强制隔离戒毒人员入所登记表,查收戒毒人员在公安机关强制隔离戒毒期间的相关材料。

第十五条 戒毒人员入所后,强制隔离戒毒所应当书面通知其家属,通知书应当自戒毒人员入所之日起五日内发出。

第四章 管 理

第十六条 强制隔离戒毒所应当根据性别、年龄、患病等情况,对戒毒人员实行分别管理;根据戒毒治疗情况,对戒毒人员实行分期管理;根据戒毒人员表现,实行逐步适应社会的分级管理。

第十七条 强制隔离戒毒所人民警察对戒毒人员实行直接管理,严禁由其他人员代行管理职权。

女性戒毒人员由女性人民警察直接管理。

第十八条 强制隔离戒毒所应当建立安全管理制度,进行安全检查,及时发现和消除安全隐患。

强制隔离戒毒所应当制定突发事件应急预案,并定期演练。

第十九条 强制隔离戒毒所应当安装监控、应急报警、门禁检查和违禁品检测等安全技防系统,按照规定保存监控录像和有关信息资料。

强制隔离戒毒所应当安排专门人民警察负责强制隔离戒毒所的安全警戒工作。

第二十条 对强制隔离戒毒所以外的人员交给戒毒人员的物品和邮件,强制隔离戒毒所应当进行检查,防止夹带毒品及其他违禁品。检查时,应当有 2 名以上人民警察在场。

检查邮件时,应当依法保护戒毒人员的通信自由和通信秘密。

第二十一条　经强制隔离戒毒所批准，戒毒人员可以使用指定的固定电话与其亲属、监护人或者所在单位、就读学校有关人员通话。

戒毒人员在所内不得持有、使用移动通讯设备。

第二十二条　戒毒人员的亲属和所在单位或者就读学校的工作人员，可以按照强制隔离戒毒所探访规定探访戒毒人员。

强制隔离戒毒所应当检查探访人员身份证件，对身份不明或者无法核实的不允许探访。

对正被采取保护性约束措施或者正处于单独管理期间的戒毒人员，不予安排探访。

第二十三条　探访应当在探访室进行。探访人员应当遵守探访规定；探访人员违反规定经劝阻无效的，可以终止其探访。

探访人员交给戒毒人员物品须经批准，并由人民警察当面检查；交给戒毒人员现金的，应当存入戒毒人员所内个人账户；发现探访人员利用探访传递毒品的，应当移交公安机关依法处理；发现探访人员利用探访传递其他违禁品的，应当依照有关规定处理。

第二十四条　戒毒人员因配偶、直系亲属病危、死亡或者家庭有其他重大变故，可以申请外出探视。申请外出探视须有医疗单位、戒毒人员户籍所在地或者现居住地公安派出所、原单位或者街道（乡、镇）的证明材料。

除前款规定外，强制隔离戒毒所可以批准戒治效果好的戒毒人员外出探视其配偶、直系亲属。

第二十五条　强制隔离戒毒所批准戒毒人员外出探视的，应当发给戒毒人员外出探视证明。戒毒人员外出探视及在途时间不得超过十日。对非因不可抗力逾期不归的戒毒人员，视作脱逃处理。

第二十六条　戒毒人员外出探视回所后，强制隔离戒毒所应当对其进行检测。发现重新吸毒的，不得报请提前解除强制隔离戒毒。

第二十七条　对有下列情形之一的戒毒人员，应当根据不同情节分别给予警告、训诫、责令具结悔过：

（一）违反戒毒人员行为规范、不遵守强制隔离戒毒所纪律，经教育不改正的；

（二）欺侮、殴打、虐待其他戒毒人员的；

（三）隐匿违禁品的；

（四）交流吸毒信息、传授犯罪方法的。

对戒毒人员处以警告、训诫和责令具结悔过，由戒毒大队决定并执行。

第二十八条　对有严重扰乱所内秩序、私藏或者吸食、注射毒品、预谋或者实施脱逃、行凶、自杀、自伤、自残等行为以及涉嫌犯罪应当移送司法机关处理的戒毒人员，强制隔离戒毒所应当对其实行单独管理。

单独管理应当经强制隔离戒毒所负责人批准。在紧急情况下，可以先行采取单独管理措施，并在二十四小时内补办审批手续。

对单独管理的戒毒人员，应当安排人民警察专门管理。一次单独管理的时间不得超过五日。单独管理不得连续使用。

第二十九条　对私藏或者吸食、注射毒品的戒毒人员，不得报请提前解除强制隔离戒毒，并应当在期满前诊断评估时，作为延长强制隔离戒毒期限的依据；涉嫌犯罪的，应当依法追究刑事责任。

第三十条　遇有戒毒人员脱逃、暴力袭击他人等危险行为，强制隔离戒毒所人民警察可以依法使用警械予以制止。警械使用情况，应当记录在案。

第三十一条　戒毒人员脱逃的，强制隔离戒毒所应当立即通知当地公安机关，并配合公安机关追回脱逃人员。被追回的戒毒人员应当继续执行强制隔离戒毒，脱逃期间不计入强制隔离戒毒期限。对被追回的戒毒人员不得报请提前解除强制隔离戒毒。

第三十二条　戒毒人员提出申诉、检举、揭发、控告的，强制隔离戒毒所应当及时依法处理；对强制隔离戒毒决定不服提起行政复议或者行政诉讼的，强制隔离戒毒所应当将有关材料登记后及时转送有关部门。

第三十三条　强制隔离戒毒所工作人员因工作失职致使毒品等违禁品进入强制隔离戒毒所，违反规定允许戒毒人员携带、使用或者为其传递毒品等违禁品的，应当依法给予处分；涉嫌犯罪的，应当依法追究刑事责任。进入强制隔离戒毒所的其他人员为戒毒人员传递毒品的，应当移交司法机关依法处理。

第五章　治疗康复

第三十四条　强制隔离戒毒所应当根据戒毒人员吸食、注射毒品的种类、成瘾程度和戒断症状等进行有针对性的生理治疗、心理治疗和身体康复训练。

对公安机关强制隔离戒毒所移送的戒毒人员，应当做好戒毒治疗的衔接工作。

第三十五条　对戒毒人员进行戒毒治疗,应当采用科学、规范的诊疗技术和方法，使用符合国家有关规定的药物、医疗器械。戒毒治疗使用的麻醉药品和精神药品应当按照规定申请购买并严格管理，使用时须由具有麻醉药品、精神药品处方权的医师按照有关技术规范开具处方。

禁止以戒毒人员为对象进行戒毒药物试验。

第三十六条　强制隔离戒毒所应当定期对戒毒人员进行身体检查。对患有疾病的戒毒人员，应当及时治疗。对患有传染病的戒毒人员，应当按照国家有关规定采取必要的隔离治疗措施。

第三十七条　戒毒人员患有严重疾病，不出所治疗可能危及生命的，凭所内医疗机构或者二级以上医院出具的诊断证明，经强制隔离戒毒所所在省、自治区、直辖市司法行政机关戒毒管理部门批准，报强制隔离戒毒决定机关备案，强制隔离戒毒所可以允许其所外就医，并发给所外就医证明。

第三十八条 戒毒人员所外就医期间，强制隔离戒毒期限连续计算。对于健康状况不再适宜回所执行强制隔离戒毒的，强制隔离戒毒所应当向强制隔离戒毒决定机关提出变更为社区戒毒的建议，同时报强制隔离戒毒所所在省、自治区、直辖市司法行政机关戒毒管理部门备案。

第三十九条 强制隔离戒毒所应当建立戒毒人员心理健康档案，开展心理健康教育，提供心理咨询，对戒毒人员进行心理治疗；对心理状态严重异常或者有行凶、自伤、自残等危险倾向的戒毒人员应当实施心理危机干预。

第四十条 对可能发生自伤、自残等情形的戒毒人员使用保护性约束措施应当经强制隔离戒毒所负责人批准。采取保护性约束措施应当遵守有关医疗规范。

对被采取保护性约束措施的戒毒人员，人民警察和医护人员应当密切观察；可能发生自伤、自残等情形消除后，应当及时解除保护性约束措施。

第四十一条 强制隔离戒毒所可以与社会医疗机构开展医疗合作，提高戒毒治疗水平和医疗质量。

第四十二条 强制隔离戒毒所应当通过组织体育锻炼、娱乐活动、生活技能培训等方式对戒毒人员进行身体康复训练，帮助戒毒人员恢复身体机能、增强体能。

第四十三条 强制隔离戒毒所根据戒毒的需要，可以组织有劳动能力的戒毒人员参加必要的生产劳动。

组织戒毒人员参加生产劳动的，应当支付劳动报酬。戒毒人员劳动时间每周不超过 5 天，每天不超过 6 小时。法定节假日不得安排戒毒人员参加生产劳动。

第四十四条 强制隔离戒毒所应当建立安全生产管理制度，对参加生产劳动的戒毒人员进行安全生产教育，提供必要的劳动防护用品。生产劳动场地和劳动项目应当符合安全生产管理的有关规定，不得引进易燃、易爆等危险生产项目，不得组织戒毒人员从事有碍身体康复的劳动。

第六章 教 育

第四十五条 强制隔离戒毒所应当对新接收的戒毒人员进行时间不少于一个月的入所教育，教育内容包括强制隔离戒毒有关法律法规、所规所纪、戒毒人员权利义务等。

第四十六条 强制隔离戒毒所应当采取课堂教学的方式，对戒毒人员集中进行卫生、法制、道德和形势政策等教育。

第四十七条 强制隔离戒毒所应当对戒毒人员开展有针对性的个别教育。戒毒大队人民警察应当熟悉分管戒毒人员的基本情况，掌握思想动态，对分管的每名戒毒人员每月至少进行 1 次个别谈话。戒毒人员有严重思想、情绪波动的，应当及时进行谈话疏导。

第四十八条　强制隔离戒毒所应当开展戒毒文化建设，运用影视、广播、展览、文艺演出、图书、报刊、宣传栏和所内局域网等文化载体，活跃戒毒人员文化生活，丰富教育形式。

第四十九条　强制隔离戒毒所应当加强同当地有关部门和单位的联系，通过签订帮教协议、来所开展帮教等形式，做好戒毒人员的教育工作。

强制隔离戒毒所可以邀请有关专家、学者、社会工作者、志愿人员以及戒毒成功人员协助开展教育工作。对协助教育有显著成绩和突出贡献的，应当予以表彰、奖励。

第五十条　强制隔离戒毒所应当协调人力资源社会保障部门，对戒毒人员进行职业技能培训和职业技能鉴定；职业技能鉴定合格的，颁发相应的职业资格证书。

第五十一条　强制隔离戒毒所应当在戒毒人员出所前进行回归社会教育，教育时间不少于一周。

强制隔离戒毒所可以安排戒毒人员到戒毒康复场所及戒毒药物维持治疗场所参观、体验，开展戒毒康复、戒毒药物维持治疗相关知识的宣传教育，为解除强制隔离戒毒后自愿进入戒毒康复场所康复或者参加戒毒药物维持治疗的戒毒人员提供便利。

第七章　生活卫生

第五十二条　强制隔离戒毒所应当按规定设置戒毒人员生活设施。戒毒人员宿舍应当坚固安全、通风明亮，配备必要的生活用品。戒毒人员的生活环境应当绿化美化。

第五十三条　强制隔离戒毒所应当保持戒毒人员生活区整洁，定期组织戒毒人员理发、洗澡、晾晒被褥，保持其个人卫生。

强制隔离戒毒所应当统一戒毒人员的着装。

第五十四条　强制隔离戒毒所应当保证戒毒人员的伙食供应不低于规定标准。戒毒人员伙食经费不得挪作他用。戒毒人员食堂应当按月公布伙食账目。

对正在进行脱毒治疗和患病的戒毒人员在伙食上应当给予适当照顾。对少数民族戒毒人员，应当尊重其饮食习惯。

第五十五条　强制隔离戒毒所应当保证戒毒人员的饮食安全。食堂管理人员和炊事人员应当取得卫生行政主管部门颁发的健康证明，每半年进行一次健康检查，健康检查不合格的应当及时予以调整。

戒毒人员食堂实行四十八小时食品留样制度。

第五十六条　戒毒人员可以在所内商店购买日常用品。所内商店出售商品应当价格合理，明码标价，禁止出售过期、变质商品。

强制隔离戒毒所应当对所内商店采购的商品进行检查，

防止违禁品流入。

第五十七条 强制隔离戒毒所应当做好疾病预防控制工作。发生传染病疫情，应当按规定及时报告主管机关和当地疾病预防控制部门，并采取相应的防治措施。

第八章 解 除

第五十八条 强制隔离戒毒所应当按照有关规定对戒毒人员进行诊断评估。对强制隔离戒毒期限届满且经诊断评估达到规定标准的戒毒人员，应当解除强制隔离戒毒。

经诊断评估，对符合规定条件的戒毒人员，强制隔离戒毒所可以提出提前解除强制隔离戒毒的意见或者延长强制隔离戒毒期限的意见，并按规定程序报强制隔离戒毒决定机关批准。强制隔离戒毒所收到强制隔离戒毒决定机关出具的提前解除强制隔离戒毒决定书或者延长强制隔离戒毒期限决定书的，应当及时送达戒毒人员。

第五十九条 强制隔离戒毒所应当在解除强制隔离戒毒三日前通知强制隔离戒毒决定机关，同时通知戒毒人员家属、所在单位、户籍所在地或者现居住地公安派出所将其按期领回。戒毒人员出所时无人领回，自行离所的，强制隔离戒毒所应当及时通知强制隔离戒毒决定机关。

对解除强制隔离戒毒的所外就医人员，强制隔离戒毒所应当及时通知其来所办理解除强制隔离戒毒手续。

第六十条　解除强制隔离戒毒的，强制隔离戒毒所应当向戒毒人员出具解除强制隔离戒毒证明书，同时发还代管财物。

第六十一条　戒毒人员被依法收监执行刑罚或者依法拘留、逮捕的，强制隔离戒毒所应当根据有关法律文书，与相关部门办理移交手续，并通知强制隔离戒毒决定机关；戒毒人员被依法释放时强制隔离戒毒尚未期满的，继续执行强制隔离戒毒。

第六十二条　戒毒人员在强制隔离戒毒所内死亡的，强制隔离戒毒所应当立即报告所属主管机关，通知其家属、强制隔离戒毒决定机关和当地人民检察院。戒毒人员家属对死亡原因有疑义的，可以委托有关部门作出鉴定。其他善后事宜依照国家有关规定处理。

第六十三条　强制隔离戒毒所应当妥善保管戒毒人员档案。档案内容包括：强制隔离戒毒决定书、强制隔离戒毒人员入所登记表、强制隔离戒毒人员入所健康状况检查表、财物保管登记表、病历、心理健康档案、诊断评估结果、提前解除强制隔离戒毒决定书或者延长强制隔离戒毒期限决定书、解除强制隔离戒毒证明书以及在强制隔离戒毒期间产生的重要文书、视听资料。

除法律明确规定外，强制隔离戒毒所不得对外提供戒毒人员档案信息。

第九章　附　则

第六十四条　吸毒成瘾人员自愿接受强制隔离戒毒的，应当凭强制隔离戒毒所所在地公安机关的书面同意意见，向强制隔离戒毒所提出申请。强制隔离戒毒所同意接收的，应当与其就戒毒治疗期限、戒毒治疗措施、权利义务等事项签订书面协议；协议未约定的，参照本规定有关规定执行。

第六十五条　本规定自2013年6月1日起施行。

参考文献

【1】刘斌主编：《罪犯教育》，中国政法大学出版社，2020年。

【2】高莹主编：《矫正教育学》，教育科学出版社，2007年。

【3】芦麦芳主编：《社区矫正教育》，法律出版社，2015年。

【4】欧渊华：《强制隔离戒毒人员教育矫正理论与实务》，中国法制出版社，2016年。

【5】盛高璐编著：《强制隔离戒毒人员矫正教育实务》，中国政法大学出版社，2016年。

【6】刘邦惠等：《强制隔离戒毒人员心理矫治》，科学出版社，2015年。

【7】马卡连柯：《论共产主义教育》，人民教育出版社，1962年。

【8】克莱门斯·巴特勒斯：《矫正导论》，孙晓雯等译，中国人民大学出版社，1991年。

【9】章恩友主编：《中国监狱心理矫治规范化运作研究》，中国市场出版社，2004年。

【10】吴宗宪主编：《国外罪犯心理矫治》，中国轻工

业出版社，2004 年。

【11】赵卫宽主编：《罪犯教育》（第二版），中国政法大学出版社，2019 年。

【12】王雪峰主编：《罪犯教育学》，法律出版社，2018 年。

【13】王雪峰主编：《矫正教育学》，法律出版社，2022 年。

【14】夏宗素主编：《矫正教育学》，法律出版社，2014 年。

【15】罗旭主编：《强制隔离戒毒执法与管理实务》，中国政法大学出版社，2020 年。

【16】陈鹏忠主编：《强制隔离戒毒工作基层执法实务流程》，浙江大学出版社，2013 年。

【17】李蓓春主编：《强制隔离戒毒人员教育矫治案例精选及评析》，浙江大学出版社，2013 版。

【18】黄太云主编：《中华人民共和国禁毒法解读》，中国法制出版社，2008 年。

【19】马立骥编著：《强制隔离戒毒人员心理及矫治》，浙江大学出版社，2013 年。

【20】中共中央：《关于新形势下加强政法队伍建设的意见》（2016 年）。

【21】贾东明、郭崧：《强制隔离戒毒人员教育体系的构建——与罪犯教育比对研究》，《健康教育与健康促进》，2017 年第 1 期。

【22】杨淑子：《人文教育——现代大学之基》，南京农业大学学报，2001 年第 1 期。

【23】王东晟、吕朝辉、祖帅旗：《统一戒毒模式下教育戒治工作新探索——以上海市戒毒局"4+1+1+1"周教育戒治模式为例》，《犯罪与改造研究》，2020年第3期。

【24】刘英耀：《戒毒场所习艺劳动教育创新的实践与反思》，《广西警察学院学报》，2017年第6期。

【25】李冠军、李娜、王晓霞：《浅析女性强制隔离戒毒人员的心理特征与心理治疗》，《中国药物依赖性杂志》，2009年第4期。

【26】徐彦：《吉林省女子强戒所女性戒毒人员矫治实践》，《犯罪与改造研究》，2018年第8期。

【27】龙桂芳：《强制隔离戒毒场所文化建设的探索与实践》，《中国药物滥用防治杂志》，2017年第1期。

【28】赵子慧：《女性吸毒人员的吸毒因素、社会化状况及应对措施，《中国药物依赖性杂志》，2005年第1期。

【29】王祎：《浙江省女性吸毒人员调查分析》，《中国人民公安大学学报》，2008年第6期。

【30】郭秀丽、姜峰：《87例劳教吸毒人员心理健康水平分析》，《中国健康心理学杂志》，2010年第3期。